150 GRANDES DATES
DE L'HISTOIRE DE FRANCE

Direction de la publication : Carine Girac-Marinier

Direction éditoriale : Christine Dauphant

Édition : Aurélie Prissette

Direction artistique : Cynthia Savage

Mise en pages : Claire Morel Fatio

Iconographie : Agnès Calvo et Marie-Annick Reveillon

Illustration de la couverture : Alain Boyer

Lecture-correction : Chantal Pages, Madeleine Biaujeaud, Henri Goldszal et Joëlle Narjollet

Fabrication : Martine Toudert

© Larousse 2013

Toute reproduction ou représentation intégrale ou partielle, par quelque procédé que ce soit, de la nomenclature et/ou du texte contenus dans le présent ouvrage, et qui sont la propriété de l'éditeur, est strictement interdite.

ISBN : 978-2-03-588986-7

150 GRANDES DATES
DE L'HISTOIRE DE FRANCE

Renaud Thomazo

LAROUSSE

AVANT-PROPOS

Parce qu'elle est le récit des événements du passé, l'Histoire ne peut se concevoir sans dates. Ces repères – plus ou moins pratiques – nous permettent de démêler le fil souvent bien embrouillé des événements. Les périodes de notre histoire sont parfois imprécises : le Moyen Âge, de Clovis à Louis XI, ne dure pas moins de mille ans ! C'est dire si des jalons sont nécessaires pour suivre les faits au long des siècles et établir des liens entre eux.

Parmi les dates de notre histoire, il y en a une qui résonne particulièrement à nos oreilles : 1515... Certaines, comme 1789, sont des dates clefs qui déterminent un avant et un après irrémédiablement distincts. D'autres enfin sont d'une précision extrême : la onzième heure du onzième jour du onzième mois... de 1918.

Chaque date nous permet d'identifier un moment précis de notre histoire. Elle nous aide à ordonner le passé et à mieux le comprendre.

Renaud Thomazo

Vers 20 000 av. J.-C.
La grotte de Lascaux

En septembre 1940, quatre jeunes garçons découvrent par hasard une grotte en Dordogne, près de Lascaux. Ils viennent de révéler au monde l'un des plus beaux témoignages de l'art pariétal du néolithique et de donner à la France son plus ancien musée.

La Frise des aurochs dans la Rotonde (grotte de Lascaux, Dordogne).

Les plus vieilles peintures de Lascaux remontent à 17 000 ans avant notre ère. Tracées sur les parois au plus profond d'une grotte difficilement accessible, elles sont le témoignage d'un premier « art sacré » de l'humanité.
La grotte fut sans doute le lieu de cérémonies dont le mystère reste entier, et si la dimension religieuse n'en sera jamais dévoilée, reste la dimension artistique sans égal qui fait de Lascaux la « chapelle Sixtine » de la préhistoire. D'autres grottes ornées ont conservé les chefs-d'œuvre de cet art : Chauvet, Cosquer, Font-de-Gaume, les Combarelles, Rouffignac, Pech-Merle, Niaux...

Vers 4000 av. J.-C.
Les constructions mégalithiques

Il y a plus de 6 000 ans – 2 000 ans avant les premières pyramides d'Égypte –, des hommes érigeaient sur le sol français d'impressionnants monuments de pierre.

Cairns, menhirs et dolmens alimentent encore aujourd'hui une étrange et féerique fascination. À Carnac, à Gavrinis, à Locmariaquer en Bretagne, ce sont des pierres de plusieurs tonnes qui étaient taillées puis transportées sur des centaines de mètres pour bâtir des sanctuaires qui n'ont pas livré tous leurs secrets.

Sépultures mégalithiques de Barnenez

Le plus impressionnant de ces vestiges d'une première architecture reste sans doute le cairn de Barnenez, qui est aussi le plus ancien.
Ce monument aux dimensions spectaculaires n'a pu être bâti que par une civilisation aux connaissances techniques avancées. Une telle architecture funéraire témoigne d'une société aux structures religieuses déjà très élaborées. Les alignements de menhirs furent basés sur des observations probablement astronomiques.

VERS 500 AV. J.-C.
Le trésor de Vix

Au VIe siècle av. J.-C., la civilisation celte est arrivée à un formidable degré d'évolution et entretient des échanges commerciaux jusque dans le bassin méditerranéen. Ainsi la tombe princière de Vix, en Bourgogne, découverte en 1953, a révélé un fabuleux trésor dont la pièce maîtresse est un extraordinaire cratère grec en bronze de plus de 1,50 m de haut. Les « premiers Gaulois » étaient loin d'être le peuple fruste et rural que l'on se plaît à croire.

52 av. J.-C.
LA BATAILLE D'ALÉSIA

Après avoir repoussé les légions romaines qui assiégeaient Gergovie, les tribus gauloises fédérées ont échoué dans leur tentative de briser l'armée de César et ont été contraintes de se replier dans la ville fortifiée d'Alésia, capable de soutenir un long siège.

Si l'on en croit le récit de César dans la *Guerre des Gaules*, Vercingétorix y a rassemblé près de 100 000 combattants, soit bien plus que les dix légions romaines présentes sur le terrain. Plutôt que l'assaut, César choisit d'isoler Alésia en l'encerclant de deux puissantes lignes de fortifications. Les Romains en effet excellent dans l'art d'assiéger les villes.

Un lourd dispositif d'encerclement

La première, une «contrevallation» longue de 16 km, doit empêcher toute sortie. La seconde, une «circonvallation» de 20 km, est destinée à contenir l'armée gauloise de secours que Vercingétorix attend.

Le plan de César réussira parfaitement, les assauts de l'armée de secours ne parvenant pas à briser les fortifications romaines. La famine gagne les assiégés et brise la résistance des Gaulois. La «guerre d'indépendance» prend fin avec la reddition de Vercingétorix, emmené captif à Rome.

La reddition de Vercingétorix

Cet épisode fondateur de l'histoire d'une France qui n'existe pas encore n'est pas une défaite ! Bien au contraire, le geste noble de Vercingétorix déposant les armes au pied de son vainqueur romain l'a transformé en une victoire de la fierté gauloise et a fait du chef arverne «le premier résistant» de notre histoire nationale.

Le chef gaulois Vercingétorix se rendant au chef romain Jules César (peinture de H. Motte, XIXe siècle).

Un motif de fierté nationale

Longtemps oubliée par les historiens, la bataille d'Alésia trouve toute sa place dans les manuels scolaires de la IIIe République, soucieuse d'édifier les jeunes et de les préparer à repousser l'envahisseur. Quant aux archéologues, ils n'ont pas achevé la bataille qui les oppose pour déterminer exactement l'emplacement réel du site d'Alésia.

496
LE BAPTÊME DE CLOVIS

« *Courbe la tête, fier Sicambre ; adore ce que tu as brûlé, brûle ce que tu as adoré !* » L'injonction de l'évêque Remi faite à Clovis le jour de Noël de l'an 496 ne s'adresse pas seulement à un roi barbare, mais à tout un peuple.

L'Église en a fait très tôt la propagande : avec la conversion de Clovis, c'est une nation qui est portée sur les fonts baptismaux. Moment capital de notre histoire, la France devient la « *fille aînée de l'Église* ».

Le baptême de Clovis par saint Remi. La colombe apporte les saintes huiles (Grandes Chroniques de France, XIVe siècle).

Des signes avant-coureurs

Bien sûr, il y eut le patient travail de l'épouse de Clovis, la chrétienne Clotilde, et celui de sainte Geneviève. Surtout, il y eut le très opportun « miracle » de la bataille de Tolbiac, remportée sur les Alamans par les Francs après qu'une croix dans le ciel a montré le chemin de la victoire à Clovis. Mais ce dernier a surtout conscience du très grand bénéfice politique de son geste.

406
LES INVASIONS BARBARES

En 406, la Gaule et l'Empire romain sont assaillis par une vague d'invasions barbares. Francs, mais aussi Vandales, Alains et Suèves déferlent. En 410, les Wisigoths d'Alaric entrent dans Rome qu'ils mettent à sac. Les plus dangereux de ces Barbares restent les Huns d'Attila qui, après avoir pillé la Grèce, franchissent le Rhin en 451. Metz est détruite et Paris, menacée.

Dans toute la Gaule, c'est la panique car « *là où Attila passe, l'herbe, dit-on, ne repousse pas* ». Après avoir été tenu en échec devant Orléans, Attila sera finalement vaincu aux champs Catalauniques (près de Châlons-en-Champagne) par le général romain Aetius.

Une conversion « politique »

En adoptant la religion des élites gallo-romaines dont il vient d'envahir le territoire, il s'assure le soutien d'une Église très influente. Cette union du trône et de la croix, du roi et de Dieu, va dessiner le visage de la France, en déterminer l'évolution politique et elle se lit toujours dans le paysage comme dans le découpage administratif où les communes, les cantons, voire la carte judiciaire, se superposent parfois encore aux limites des paroisses, des évêchés.

L'héritage de Clovis

La monarchie chrétienne est devenue une république laïque, mais au besoin, le souvenir du baptême de Clovis est rappelé, non sans susciter d'âpres polémiques.
Ainsi, en 1980, Jean-Paul II s'alarmait de la déchristianisation de notre pays en ces termes : « *France, fille aînée de l'Église, es-tu fidèle aux promesses de ton baptême ?* » se référant implicitement à la conversion de Clovis...

732
LA VICTOIRE DE CHARLES MARTEL À POITIERS

Toujours présent dans les mémoires, Charles Martel repoussant les Arabes à Poitiers résonne encore comme le moment où la France a contenu le danger d'une invasion.

La légende...

Les chroniqueurs de l'époque ont présenté cette victoire comme «*une victoire de la foi*». Longtemps après, les instituteurs de la République en font le symbole de la résistance à l'envahisseur étranger.

La bataille de Poitiers entre Charles Martel et les Arabes, le 17 octobre 732 (XIVe siècle).

754
SACRE DE PÉPIN LE BREF

Fils de Charles Martel, Pépin III le Bref devient seul véritable maître des Francs quand son frère se retire à l'abbaye du Mont-Cassin. Il dépose en 751 Childéric III, dernier roi mérovingien, et instaure peu après, en 754, la dynastie carolingienne en se faisant sacrer, tenant ainsi son pouvoir de Dieu.

... contre la vérité historique ?

En fait d'invasion musulmane, il s'agissait plus sûrement d'un raid guerrier. Les musulmans venaient de piller une partie de l'Aquitaine et convoitaient les richesses de l'abbaye Saint-Martin de Tours. L'intervention de Charles Martel a surtout pour objet de renforcer sa suprématie en Gaule.

800
LE COURONNEMENT DE CHARLEMAGNE

La tentation était trop grande pour le fils de Pépin le Bref, devenu en 771 seul maître d'un royaume franc qu'il va étendre considérablement, de restaurer la dignité impériale romaine disparue en 476.

L'Empire romain subsiste certes en Orient, à Byzance, dirigé par une femme, Irène, dont Charles estime que « *la faiblesse de son sexe et la versatilité de son cœur féminin ne lui permettent pas d'exercer l'autorité suprême en matière de foi et de rang* ».

Denier d'argent de Charlemagne (provenant de l'atelier de Mayence, IXe siècle).

Avec l'appui du pape
En intervenant en Italie du Nord contre les Lombards, Charles s'est fait « *l'allié et l'épée de l'Église* », laquelle voit tout l'intérêt qu'elle aurait à couronner un empereur qui la protégerait alors que le schisme avec Byzance est désormais consommé.

Charlemagne pour « Carolus Magnus »
Sous l'impulsion du pape, la cérémonie a lieu à Rome le jour de Noël de l'an 800, en présence d'un grand nombre de barons francs. Charles devient Charles le Grand, « Carolus Magnus », nouvel empereur d'Occident. Il restaure ainsi au profit des Carolingiens l'empire romain d'Occident.

843
Le traité de Verdun

À la mort de Louis le Pieux en 840, ses trois fils – Lothaire, Louis et Charles –, se disputent l'héritage impérial et se livrent une guerre sans merci jusqu'en 843 : Louis et Charles, alliés, contraignent Lothaire à accepter un partage de l'empire.

Le traité de Verdun, appelé également « *le traité des quatre fleuves* », accorde à Charles le Chauve la Francie occidentale (qui deviendra la France), à Louis le Germanique la Francie orientale, ou Germanie, et à Lothaire, qui conserve le titre d'empereur, le territoire qui s'étend de la mer du Nord à l'Italie, ou Lotharingie.

Un empire morcelé

Ainsi se dessine pour des siècles la géographie politique de l'Europe et les premières frontières du royaume de France. La Lotharingie disparaîtra rapidement, et seule demeurera face à la Francie une Germanie qui deviendra l'Allemagne.

Un texte fondateur du français

L'alliance de Charles et Louis contre leur frère est scellée par un serment prêté à Strasbourg, retranscrit en deux langues pour que tous les soldats (Francs ou Germaniques) puissent le comprendre. La version romane de ce serment est considérée comme le premier texte rédigé en ancien français.

911
Le traité de Saint-Clair-sur-Epte

Pour mettre un terme aux incursions vikings qui ravagent le royaume, Charles III le Simple signe avec leur chef Rollon un traité de paix où il accorde aux « hommes du Nord », les Normands, un vaste territoire, allant de Rouen jusqu'au pays d'Auge. Rollon accepte en échange de lui prêter serment de fidélité. Ainsi naît le duché de Normandie, qui jouera un grand rôle dans l'histoire de France… et d'Angleterre.

987
LE SACRE D'HUGUES CAPET

À la mort du dernier Carolingien Louis V, Hugues Capet, duc de France, est proclamé roi et sacré grâce au soutien de l'évêque de Reims Adalbéron. Il inaugure ainsi la dynastie des Capétiens.

Longtemps méconnu des historiens, l'avènement d'Hugues Capet connaît pourtant une popularité remarquable, même si on ne sait que très peu de choses sur ce souverain, qui ne régna que dix années sur un royaume sans envergure.

Un roi élu débute une dynastie

L'accession au trône d'Hugues Capet, élu par ses pairs et soutenu par les évêques, est controversée : il semble s'être emparé du pouvoir par la force.
Si les chroniqueurs ont porté aux nues l'événement, c'est parce que le sacre du premier Capétien, faisant écho au baptême de Clovis, marque l'alliance du trône et de l'autel. Il institue en France la monarchie de droit divin.
Hugues Capet fit d'ailleurs sacrer son propre fils, Robert le Pieux, de son vivant afin d'assurer le pouvoir héréditaire de la dynastie.

Hugues Capet sur son trône (Miniature du XIVᵉ siècle).

1066
LA CONQUÊTE DE L'ANGLETERRE

L'Angleterre est-elle « *une province française qui a mal tourné* », comme l'affirmait Georges Clemenceau ?

La flotte de Guillaume Ier le Conquérant fait voile vers l'Angleterre (Tapisserie de Bayeux, XIe siècle).

Elle a bel et bien été envahie par un duc normand, Guillaume le Conquérant, après sa victoire sur le roi anglo-saxon Harold à Hastings en 1066. Guillaume choisit ainsi la force pour faire valoir ses droits à la succession du défunt roi Édouard le Confesseur, qui lui avait promis la couronne.

Guillaume, roi d'Angleterre

Le nouveau roi ordonne un recensement des propriétés foncières, le « Domesday Book », et renforce l'autorité royale. Mais la conquête de l'Angleterre n'a pas été sans conséquence dans les rapports entre la France et l'Angleterre, celle-ci oubliant vite ses liens de vassalité avec la Couronne française pour en devenir la principale rivale.

1095
La première croisade

C'est à Clermont que le pape Urbain II prêche la première croisade, exhortant les chevaliers chrétiens à se « croiser » pour venir en aide à leurs frères d'Orient et libérer le tombeau du Christ.

Il s'agit aussi pour la papauté de renforcer son autorité en rassemblant dans un projet commun une noblesse occidentale toujours désireuse de s'affranchir de la tutelle spirituelle de Rome.

Création d'un royaume chrétien autour de Jérusalem

Cette première croisade conduit à la prise de la ville sainte de Jérusalem par les croisés en 1099 ainsi qu'à la création des États latins du Levant (principauté d'Antioche, comté d'Édesse, comté de Tripoli et royaume de Jérusalem dont le premier souverain est Godefroi de Bouillon, duc de Basse-Lotharingie).

Sept autres croisades auront lieu, jusqu'à la perte de Saint-Jean-d'Acre en 1291 et la chute définitive des États d'Orient.

1152
Aliénor d'Aquitaine divorce de Louis VII

Après avoir été l'épouse du roi de France Louis VII, de 1137 à 1152, Aliénor d'Aquitaine prend pour mari Henri Plantagenêt, qui est comte d'Anjou et du Maine, et duc de Normandie, et qui deviendra en 1154, roi d'Angleterre.

Quoique vassal du roi de France pour ses possessions continentales, Henri II Plantagenêt est à la tête d'un empire immense agrandi par son mariage de l'Aquitaine, bien plus puissant donc que le modeste domaine du roi de France. L'union d'Aliénor et d'Henri pose les prémisses des longs conflits à venir entre la France et l'Angleterre.

1214
LA VICTOIRE DE BOUVINES

Après ses victoires sur le roi d'Angleterre et la chute de Château-Gaillard en 1204, Philippe Auguste peut s'imposer comme le plus puissant souverain d'Europe.

Trop de puissance affirmée peut-être pour ses rivaux, car bientôt une coalition se met en place pour rabaisser l'orgueil du Capétien. Le nouveau roi d'Angleterre Jean sans Terre, le comte de Boulogne Renaud de Dammartin, le comte de Flandres Ferrand et l'empereur germanique Otton IV de Brunswick alignent des forces supérieures en nombre et pensent écraser l'armée du roi de France.

Une première victoire

Le 2 juillet 1214 à La Roche-aux-Moines, face aux Anglais, Philippe Auguste parvient à rallier sous sa bannière fleurdelisée la plupart de ses vassaux et il reprend espoir. La bataille décisive a lieu le dimanche 27 juillet à Bouvines, près de Lille.

Succès de la chevalerie française autour du roi

Galvanisés par les paroles du roi qui les encourage à se battre pour Dieu et la Couronne, et épaulés par les milices communales, les chevaliers français mettent l'ennemi en déroute après une âpre bataille qui dure jusqu'à la nuit. La victoire est totale : trois des chefs de la coalition sont faits prisonniers, le butin est considérable, des fêtes populaires sont données dans tout le royaume.

Naissance d'une unité nationale

Le succès militaire ne suffit pas à expliquer que Bouvines soit restée une date clé de l'histoire de France. Bien sûr il s'agit d'une éclatante victoire remportée sur les Anglais et les « Allemands », ennemis

La bataille de Bouvines, le dimanche 27 juillet 1214 (Grandes Chroniques de France, XIVᵉ siècle).

jurés de la France, mais, plus encore, Bouvines symbolise la naissance d'une conscience nationale. Au-delà de leurs querelles incessantes, les barons français se sont rassemblés autour du roi et de son étendard. Ensemble, ils sont venus à bout des ennemis de la France.

Là s'est réalisée pour la première fois l'unité du royaume, donc de la France ; le sentiment national et patriotique s'enracine à Bouvines.

1244
LA CHUTE DU CHÂTEAU DE MONTSÉGUR

La prise de la citadelle, sur l'ordre de Blanche de Castille, marque l'ultime fin de « l'hérésie » cathare, attachée à un idéal de pureté de la foi contre une vie matérielle jugée impure.

1270
LA MORT DE SAINT LOUIS À TUNIS

Après s'être croisé une première fois de 1250 à 1254, Louis IX embarque à Aigues-Mortes le 1er juillet 1270 pour la huitième croisade, dont l'objectif initial est d'écarter la menace que les Mamelouks font peser sur les États francs d'Orient. Mais Louis IX choisit de faire voile vers Tunis. C'est pendant le siège de la ville qu'il tombe malade et meurt, le 25 août. Son corps fait aussitôt l'objet d'une pieuse vénération, et l'on songe déjà à faire de Louis IX un saint.

Une sanglante croisade contre les Albigeois avait été conduite de 1209 à 1229, après l'assassinat du légat du pape et l'excommunication du comte de Toulouse. Mais elle n'avait pas permis d'éradiquer totalement l'« *hérésie* » cathare dont les derniers croyants s'étaient réfugiés dans le château de Montségur. L'Église, avec le roi de France Louis IX, décide en 1242 d'en venir à bout et d'assiéger la forteresse.

Le bûcher plutôt que renier leur foi

Après un an de siège, la citadelle est contrainte à la reddition ; le 16 mars 1244, plus de 200 cathares périssent sur le bûcher, en refusant de renier leur foi pour sauver leur vie. La légende alors peut naître, et le mystère qu'on veut croire à jamais irrésolu du prétendu trésor des cathares.

Si la chute de Montségur marque la victoire – brutale – de l'Église, elle entraîne également le rattachement définitif du Languedoc à la couronne de France.

1312
LA SUPPRESSION DE L'ORDRE DES TEMPLIERS

L'ordre des Templiers, fondé au début du XIIe siècle pour protéger les pèlerins en Terre sainte, avait acquis une telle puissance que le roi de France Philippe le Bel décida de le faire disparaître.

L'ordre possédait de vastes domaines et était fort riche. Le roi, qui était en proie à de graves difficultés financières, rêvait donc de s'approprier les biens de ces moines-soldats – qui jouaient aussi le rôle de banquiers, notamment auprès de la Couronne.

Accusés de pratiques contre nature

Il mena contre eux une campagne de dénigrement, les faisant accuser de mœurs dissolues, puis convainquit le pape Clément V – pourtant réticent – de condamner les Templiers pour hérésie.

Philippe le Bel supprime l'ordre des Templiers et fait brûler nombre de ses membres (Grandes Chroniques de France, XVe siècle).

En 1307, des centaines de Templiers sont arrêtés et emprisonnés. Le 3 avril 1312, après des années d'un long procès où les accusateurs ont recours à la torture, l'ordre du Temple est dissous par le pape. Son grand maître, Jacques de Molay, est brûlé vif en mars 1314 à Paris.

1346
LA BATAILLE DE CRÉCY

Quand Édouard III d'Angleterre fait valoir ses droits sur la couronne de France, Philippe VI de Valois ne peut lui opposer qu'une armée sans véritable discipline.

Débarqué dans le nord du Cotentin, Édouard III s'empare rapidement de la Normandie, mais il est bientôt contraint de reculer et d'envisager un retour en Angleterre alors que Philippe VI a rassemblé une puissante armée à Abbeville.

La chevalerie en déroute

Face à des Anglais diminués par la maladie, éloignés de leurs bases et menacés d'encerclement, les Français pensent tenir la victoire. Le 26 août 1346, la bataille s'engage à Crécy, mais les charges de la cavalerie française, trop lourdement harnachée, se heurtent aux meurtrières volées de flèches des archers anglais.

Le succès anglais est total et Édouard III s'empare, peu après, de Calais. La défaite de Crécy a décimé les rangs de la chevalerie française et marque le début de la guerre de Cent ans.

1348
LA GRANDE PESTE

Le fléau a fait son apparition à Marseille à la fin de l'année 1347 pour gagner rapidement Avignon. Le mal s'est abattu si vite sur la cité papale qu'on y voit une punition divine...

En quelques mois, la France entière est touchée, comme les autres pays d'Europe. La peste noire – ou peste bubonique –, contre laquelle il n'existe aucun remède, fait des ravages dans une population déjà éprouvée par la guerre. On estime aujourd'hui que plus du tiers de la population européenne a été emporté, le taux de mortalité étant beaucoup plus important encore dans les centres urbains, car la contamination y est facilitée par une grande promiscuité.

En France, le nombre de victimes peut être évalué à dix millions de morts. Après plusieurs vagues, la maladie disparaît enfin en 1355, mais elle laisse l'Occident exsangue.

La peste à Tournai en 1349 (Miniature extraite de la seconde chronique de l'abbé Gilles le Mulsit, XIVe siècle).

1358
LA GRANDE JACQUERIE

Les défaites cuisantes de Crécy puis de Poitiers ont sérieusement ébranlé le prestige de la Couronne et de la noblesse française. Des paysans révoltés tentent alors de s'opposer au pouvoir.

1364
L'AVÈNEMENT DE CHARLES V

À la mort de Jean II le Bon, son fils Charles V monte sur le trône. Roi sage et prudent, il réorganise l'armée royale dont il confie le commandement à Du Guesclin. Celui-ci peut alors entreprendre dès 1370 la reconquête du royaume. Les Anglais sont chassés du Poitou, de l'Angoumois, du Limousin, du Périgord, de l'Agenais, du Quercy... et bientôt l'Aquitaine et la Guyenne anglaises sont sérieusement réduites. Mêmes succès dans le nord du pays, cependant Du Guesclin ne « boutera » pas entièrement les Anglais hors de France.

Après la défaite française, les troupes anglaises et les mercenaires ajoutent à la confusion en rançonnant les campagnes du royaume, déjà accablées par des impôts toujours plus lourds.

Soulèvement du nord du pays

Une révolte paysanne éclate alors en mai 1358, au moment où Paris est agitée par l'insurrection menée par le prévôt des marchands, Étienne Marcel. Partie du nord de Paris, la révolte gagne une grande partie de l'Île-de-France, la Picardie, la Normandie et la Champagne. Le chef des révoltés, Guillaume Carle, vite surnommé « Jacques Bonhomme », donnera son nom à la Jacquerie – que certains historiens ont décrite comme une « ébauche » de Révolution française.

L'insurrection est violente, des nobles sont tués et des châteaux sont pillés, mais elle est brève car la répression intervient dès le mois de juin et fait des milliers de morts chez les paysans.

1415
LA BATAILLE D'AZINCOURT

Le royaume de France étant la proie d'une meurtrière guerre civile que se livrent Armagnacs et Bourguignons, les Anglais pensent la situation favorable pour s'emparer d'un pays divisé et affaibli, dont le roi Charles VI est « empêché » par la folie.

Henri V de Lancastre, roi d'Angleterre, débarque en Normandie en août 1415. La chevauchée pourtant tourne court, et Henri V songe à rembarquer quand il est arrêté par l'armée française. Supérieurs en nombre, les Français pensent l'emporter facilement. Mais embourbée dans un terrain détrempé, la chevalerie française est taillée en pièces : sept princes du sang et près de 6 000 chevaliers sont tués, un millier d'autres capturés.

Terrible bilan politique

La Normandie tombe entre les mains des Anglais qui se rendent bientôt maîtres d'une partie du territoire. Henri V peut imposer ses conditions. Le 21 mai 1420, le « *honteux traité de Troyes* » livre la France aux Anglais.

Miniature extraite des Vigiles de Charles VII par Martial d'Auvergne, vers 1484.

1429
JEANNE D'ARC LIBÈRE ORLÉANS

Voilà six mois que les Anglais font le siège d'Orléans, défendue par Dunois. La ville est une position clef, car les Anglais, déjà maîtres du nord de la France, pourraient alors franchir la Loire et investir le « royaume de Bourges ».

C'est là que le dauphin Charles résiste dans l'espoir de monter un jour sur le trône de France qui lui revient légitimement. Une jeune bergère, Jeanne d'Arc, a convaincu le dauphin de lui confier le commandement d'une armée qui ira se porter au secours de la ville.

Victoire miraculeuse de Jeanne d'Arc

Le 29 avril 1429, l'armée de secours conduite par Jeanne parvient à pénétrer dans Orléans qui était sur le point de se rendre.

En quelques jours, les Français s'emparent des différentes bastilles construites par les Anglais qui sont contraints de lever le siège et de battre enfin en retraite le 8 mai.

L'une des pages les plus glorieuses de la guerre de Cent Ans est aussi l'une des plus « miraculeuses », donc mystérieuse. L'historien est confronté à la légende, et les arguments tac-

1453
LA FIN DE LA GUERRE DE CENT ANS

Le 19 octobre 1453, Charles VII s'empare de Bordeaux après avoir défait les Anglais à la bataille de Castillon le 19 juillet. C'en est fini de la présence anglaise en Aquitaine. Aucun traité de paix n'est signé à cette occasion, et dans le Nord, les Anglais sont toujours maîtres de Calais. Pourtant, les hostilités semblent bien finies, faute de combattants. 1453 est donc la date communément retenue par les historiens pour marquer la fin de cette guerre.

tiques qui expliquent cette victoire inespérée, à la mission divine de Jeanne, bras armé de Dieu.

Vers une victoire française

Les conséquences en revanche sont bien connues : l'enthousiasme et l'espoir suscités seront tels que le « *soi-disant dauphin* » sera bientôt sacré roi et pourra conquérir sa couronne ; Jeanne, capturée par les Bourguignons, alliés des Anglais, sera abandonnée à son sort.

La guerre de Cent Ans durera encore une vingtaine d'années, jusqu'aux victoires des armées françaises de Charles V à Formigny en Normandie (1450) et à Castillon en Guyenne (1453).

Entrée de Jeanne d'Arc à Orléans
(*Projet de vitrail de Lechevallier-Chevignard, xxe siècle*).

1515
Marignan

C'est la date la plus connue de notre histoire de France, si commode à mémoriser qu'on en oublie souvent ce qui eut lieu à Marignan.

François Ier vient de monter sur le trône. Comme ses prédécesseurs, il rêve de l'Italie et de s'emparer du duché de Milan. Il franchit les Alpes à la tête d'une puissante armée, emportant avec lui plus de soixante pièces d'artillerie. Devant Milan, ce sont 30 000 piquiers suisses, alliés du duc Sforza, qui barrent la route aux Français.

Une bataille mal engagée

Le 13 septembre 1515, le roi porte une cotte d'armes bleu azur semée de fleurs de lys et il a à ses côtés le fougueux chevalier Bayard. Mais plus de trente charges ne suffisent pas à briser les rangs suisses pourtant malmenés par les canonnades, et seul le soir interrompt une bataille incertaine. À la reprise du combat, le connétable de Bourbon, qui dirige l'aile droite de l'armée française, résiste aux assauts, mais l'aile gauche du duc d'Alençon est contrainte de se replier. La bataille paraît acquise aux Suisses quand résonnent les clairons d'une armée de renfort : 3 000 cavaliers vénitiens menés par le général Alviano surgissent, bientôt suivis de l'infanterie. Enfoncés, les Suisses fuient en désordre.

Un roi chevalier

« *J'ai vaincu ceux que seul César avait vaincus* », pourra écrire François Ier qui inaugure son règne par une victoire éclatante. Au soir de la bataille, le roi se fait armer chevalier par le plus valeureux de ses guerriers : Bayard.
Mais l'épopée italienne de François Ier restera sans lendemain : dix ans après Marignan, le roi de France, battu à Pavie, sera fait prisonnier.

François Ier à la bataille de Marignan (Miniature extraite des Discours de Cicéron par Étienne Leblanc, 1526-1531).

1539
L'ordonnance de Villers-Cotterêts

En août 1539, François Ier signe à Villers-Cotterêts une longue ordonnance royale, l'« *ordonnance générale sur le fait de la justice, police et finances* ».

Elle est destinée non seulement à réformer la justice et le fisc, mais aussi à mieux encadrer l'administration royale et le travail des clercs et des huissiers responsables de la rédaction et de l'enregistrement des nombreux actes.

Début de l'état civil

Si l'ordonnance de Villers-Cotterêts est demeurée célèbre, c'est d'abord parce qu'elle exige que soit tenu dans chaque paroisse du royaume un registre des baptêmes sur lequel seront précisées la date et l'heure de la naissance. François Ier fonde ainsi l'état civil.

Des actes en français

Obligation est également faite de rédiger les actes judiciaires dans une seule et même langue, le français, et non plus en latin, afin d'éviter les tournures mal comprises et les formules ambiguës. L'article 111 exige que les « *registres, enquestes, contractz, commisions, sentences, testamens et aultres quelzconques actes et exploictz de justice ou qui en dependent, soient prononcez, enregistrez et delivrez aux parties en langage maternel francoys et non aultrement* ».

Il n'existe bien sûr pas encore, au XVIe siècle, un seul et unique « langage maternel français », mais une profusion de langues régionales et de dialectes ; reste que l'ordonnance de Villers-Cotterêts est une décision capitale pour l'histoire de notre langue, qui devient officiellement la seule langue de l'État.

1562
Le massacre de Wassy

Le 1er mars 1562, à Wassy non loin de Saint-Dizier, plusieurs centaines de protestants sont rassemblés dans une grange pour y célébrer le culte, ce qui irrite le duc de Guise, de passage.

Catholique intransigeant, Guise prend prétexte de l'interdiction faite de tenir ces célébrations en ville pour disperser l'assemblée.

Un prétexte pour déclencher la violence

Il se justifiera toujours en affirmant que les protestants avaient déclenché les hostilités. Or personne n'ignore que le duc de Guise s'était violemment élevé contre la promulgation de l'« édit de janvier » qui accordait des libertés aux protestants en dehors des villes.

Si, à Wassy, les protestants violaient en effet la loi, en les provoquant de la sorte, le duc de Guise cherchait à créer une situation de *casus belli* qui permettrait peut-être de régler définitivement le problème protestant. Il y parvint au-delà de ses espérances, car le massacre de Wassy devint l'étincelle qui déclenchera la première guerre de Religion.

Gravure anonyme du XVIe siècle.

1572
La Saint-Barthélemy

L'une des grandes tragédies de l'histoire de France commence… par un mariage ! Celui d'Henri de Navarre et de Marguerite de Valois, sœur du roi Charles IX et fille de Catherine de Médicis, qui a voulu cette union pour rapprocher – peut-être – les partis catholique et protestant.

Le mariage a lieu le lundi 18 août 1572 à Paris où plus d'un millier de huguenots sont présents avec leurs familles. Tout se déroule sans incident jusqu'au 22 août. Gaspard de Coligny, chef historique des protestants, vient de quitter le Conseil royal quand il est victime d'un attentat qui le manque de peu. Les protestants réclament justice, persuadés que le complot a été ourdi par les Guises, à la tête du parti catholique.

Un Conseil au Louvre

Le lendemain, 23 août, dans la soirée se tient au Louvre un Conseil étroit autour de Catherine de Médicis et en présence du roi de France Charles IX, de son frère Henri, duc d'Anjou, et des conseillers de la reine mère. Nul ne sait quelle décision a été prise lors de ce conseil, mais les événements qui s'ensuivent sont d'une brutalité sans précédent.

Pris au piège

À l'aube du dimanche 24 août, alors que le prévôt de Paris a reçu l'ordre de tenir fermées toutes les portes de la ville, une troupe fait irruption dans l'hôtel de Ponthieu où est soigné l'amiral de Coligny. Le chef protestant est assassiné et son corps jeté par la fenêtre. Au même moment le tocsin résonne dans plusieurs églises parisiennes… c'est le signal d'une infernale curée.

La Saint-Barthélemy (peinture de F. Dubois, XVIᵉ siècle).

Partout dans Paris, on assassine les gentilshommes huguenots, des familles entières, sans discernement. Le massacre, qui dure plusieurs jours, fera plus de 2 000 victimes.

Un massacre prémédité ?

Qui a ordonné une telle tuerie ? A-t-elle seulement été préméditée ou bien l'élimination de quelques chefs protestants a-t-elle dégénéré ? Les historiens n'ont toujours pas la réponse. Certains mémorialistes ont rapporté que, lors du Conseil au cours duquel tout aurait été décidé, Charles IX, incapable de s'opposer au plan criminel que l'on échafaudait devant lui, se serait résolu à l'accepter, en s'écriant : *« Eh bien ! Par la mort Dieu soit ! Mais qu'on les tue tous, qu'il n'en reste pas un pour me le reprocher après ! »*

1588
LA JOURNÉE DES BARRICADES

Le massacre de la Saint-Barthélemy a ruiné tout espoir de réconciliation entre catholiques et protestants ; la guerre a repris de plus belle dans un royaume déchiré, gouverné par un roi hésitant et impuissant à trouver une issue.

L'implication d'Henri III dans la journée de la Saint-Barthélemy lui a attiré la haine des protestants. La poursuite de la politique de conciliation menée par sa mère Catherine de Médicis lui vaut la défiance des ultras du parti catholique.

La Sainte Ligue d'Henri de Guise
De plus, le roi n'a pas d'enfant, il est le dernier des Valois et, à sa mort, la couronne passera sur la tête de son plus proche cousin, Henri de Navarre le huguenot. Perspective inacceptable pour le duc Henri de Guise qui prend la tête d'une Sainte Ligue soutenue par la très catholique Espagne.

La victoire du « Balafré »
En 1588, Henri de Guise fomente un soulèvement populaire à Paris dont la population, catholique, est majoritairement hostile au roi. Quand on apprend qu'Henri III a fait déployer des gardes-suisses et des gardes-françaises autour du Louvre, les esprits s'échauffent. On craint qu'une nouvelle Saint-Barthélemy n'ait lieu, dirigée cette fois contre les catholiques.
Le 12 mai, la Cité parisienne se soulève, des barricades sont érigées dans le Quartier latin. Après quelques combats qui font une centaine de morts, le roi choisit de fuir pour se réfugier à Blois. Henri de Guise, « le Balafré », est maître de Paris. Le roi lui fera bientôt payer cette humiliation.

1598
L'édit de Nantes

Le « bon roi » Henri, qui a conquis de haute lutte sa couronne, peut enfin rétablir la concorde religieuse en signant l'édit de Nantes.

L'« *édit perpétuel et irrévocable de pacification* » met un terme définitif aux guerres de Religion. Ce n'est pas le premier édit qui tente de concilier catholiques et protestants, mais ici, une totale liberté de conscience est accordée aux réformés, lesquels sont désormais juridiquement aptes à « *tenir tous états, dignités, offices et charges publiques* ».

Liberté et protection
En revanche, la liberté du culte n'est pas totale : la religion réformée reste interdite à Paris comme dans les villes épiscopales. Considéré par le pape Clément VIII comme une monstruosité, l'édit de Nantes permettra toutefois de faire cohabiter officiellement deux religions dans un même État. Le 18 octobre 1685, Louis XIV le révoquera.

Proclamation de l'édit de Nantes (Gravure de Jan Luiken, XVIIe siècle).

1610
L'ASSASSINAT D'HENRI IV

Le vendredi 14 mai 1610, alors que le carrosse royal est bloqué rue de la Ferronnerie par les embarras de la circulation, un individu saute sur le marchepied et assène à Henri IV deux violents coups de poignard.

Le roi meurt presque aussitôt, et son assassin, qui ne cherche pas à fuir, est arrêté. Il s'appelle François Ravaillac. Originaire d'Angoulême, ce catholique exalté, âgé de trente-deux ans, affirmera tout au long de son procès, qu'il a agi de sa propre initiative. Son crime de lèse-majesté, le pire qui puisse se concevoir, lui vaut une sentence exemplaire et un supplice atroce, à la suite duquel *« les membres de son corps seront consommés au feu, réduits en cendres et jetés au vent »*.

Qui a vraiment tué Henri IV ?

Quatre siècles plus tard, le mystère reste entier car il semble évident que Ravaillac n'a pas pu agir seul. De plus, Henri IV ne manquait pas d'ennemis... Est-ce le duc d'Épernon, assis à ses côtés dans le carrosse et qui connaissait l'assassin ? Son ancienne maîtresse, Henriette d'Entragues ? Son épouse, la reine Marie de Médicis ? Philippe II, le très catholique roi d'Espagne ? L'archiduc des Pays-Bas, Albert de Habsbourg ?

L'assassinat d'Henri IV et le supplice de Ravaillac (Gravure de Conrad Cordoys, XVIIe siècle).

1628
LE SIÈGE DE LA ROCHELLE

Richelieu veut réduire à néant les ambitions politiques du parti protestant, renforcé par les droits qui lui ont été accordés par l'édit de Nantes. La ville de La Rochelle semble être devenue leur capitale, un État dans l'État.

Le cardinal ne peut l'accepter, ni admettre que se réalise le dessein d'une partie des chefs protestants de s'emparer du pouvoir. Et, puisque le port permet aux Rochelais de recevoir des renforts anglais par voie maritime, il entreprend de faire édifier une formidable digue qui empêchera tout secours.

Affirmer la foi catholique et l'État

Menacée par la famine, entièrement isolée, La Rochelle doit capituler, et son maire Jean Guiton remet au cardinal les clefs de la ville en octobre 1628. Si l'épisode a longtemps souligné l'intransigeance de Richelieu à l'égard des protestants, l'objectif du cardinal n'est pas que religieux. Mettre au pas La Rochelle, c'est pour lui réaffirmer la toute-puissance de l'État qui ne peut être affaibli par une faction, pas plus que l'autorité du roi ne saurait l'être par un vassal ambitieux.

1648-1652
La Fronde

Les grands du royaume crurent pouvoir profiter de la minorité du roi Louis XIV et de la régence de sa mère Anne d'Autriche pour défendre leurs prérogatives et accroître leurs privilèges.

En 1648, une « fronde parlementaire » éclata, suivie d'une « fronde des princes » dirigée par le prince de Condé et le prince de Conti, bientôt rejoints par de nombreux gentilshommes, qui s'emparèrent de Paris, contraignant le jeune roi à fuir dans la précipitation.

La Fronde des dames

Des dames de la noblesse prirent également parti, et parmi elles, Anne Marie Louise d'Orléans, duchesse de Montpensier, dite « la Grande Mademoiselle », qui, en juillet 1652, fit donner le canon depuis la Bastille sur les troupes du roi commandées par Turenne. Après l'apaisement, elle connut la disgrâce et l'exil sur ses terres de Bourgogne.

Louis XIV fut convaincu qu'il ne régnerait qu'en muselant une noblesse trop rebelle. Il choisit de le faire en la flattant et en la tenant près de lui, à Versailles.

Les armées du roi commandées par Turenne devant Paris durant la Fronde.

1659
LE TRAITÉ DES PYRÉNÉES

Le cardinal Mazarin est un diplomate hors pair, servi par des actions militaires qui lui permettent de négocier au mieux la fin des hostilités avec l'Autriche et l'Espagne.

Déjà les victoires de Condé et de Turenne à Rocroy, Fribourg et Nordlingen lui ont permis de signer avec l'Autriche, en 1648, le traité de Westphalie qui mettait fin à la guerre de Trente Ans. La France se voit accorder Metz, Toul et Verdun, ainsi que l'Alsace, moins Strasbourg.

Gravure anonyme d'après un dessin de Moret, XVIIe siècle.

Une bataille et... un mariage avec les Habsbourg

En 1659, l'Espagne, qui n'avait pas désarmé, doit à son tour se résoudre à négocier après la victoire de Turenne à la bataille des Dunes, près de Dunkerque. Le traité des Pyrénées est signé en 1659 entre la dynastie des Bourbons et celle des Habsbourg, qui règne sur l'Espagne, les Pays-Bas et une partie de l'Europe centrale. La France reçoit le Roussillon et la Cerdagne, l'Artois et des places fortes en Flandre.

Surtout, le rapprochement des deux couronnes est scellé par le projet de mariage du jeune roi Louis XIV avec l'infante Marie-Thérèse – qui apporte en dot pas moins de 500 000 écus ! La paix semble assurée pour longtemps.

1661
LE DÉBUT DU RÈGNE PERSONNEL DE LOUIS XIV

Échaudé dans son enfance par la Fronde qui a vu les parlementaires puis les grands du royaume lui disputer l'autorité, Louis XIV entend régner seul.

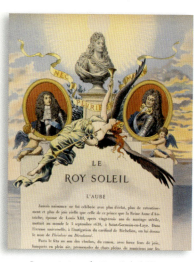

Les trois âges du Roy Soleil (Gravure de Maurice Leloir, XXe siècle).

Préparé par un mentor de grande qualité et par sa mère, Anne d'Autriche, le jeune souverain décide, à la mort de Mazarin, de gouverner sans partage pour mieux être obéi. «*L'État, c'est moi!*»: la formule, résume bien son tempérament comme sa volonté politique, renforcée par son goût de la gloire et un ego sans borne. Le 10 mars 1661, il annonce au Conseil: «*Je vous ai fait assembler avec mes ministres et secrétaires d'État pour vous dire que, jusqu'à présent, j'ai bien voulu laisser gouverner mes affaires par feu M. le Cardinal; il est temps que je les gouverne moi-même.*»

Affranchi de toute tutelle

Il exerce pleinement son «métier» de roi, sachant s'entourer de ministres dévoués. À son petit-fils Philippe, devenu roi d'Espagne, il donnera pour instruction: «*Ne vous laissez pas gouverner [...] consultez votre Conseil, mais décidez: Dieu, qui vous a fait roi, vous donnera les lumières qui vous sont nécessaires.*»

1685
LA RÉVOCATION DE L'ÉDIT DE NANTES

Elle fut présentée comme « *la grande faute du règne* », celle qui allait briser la concorde religieuse en France. Or, en révoquant l'édit de Nantes, Louis XIV ne fait que suivre une opinion publique intolérante et céder aux pressions de l'Église.

Il veut tout gouverner et même les consciences, c'est pourquoi il signe le 18 octobre 1685 l'édit de Fontainebleau qui révoque celui signé à Nantes par Henri IV.

Incitations et dragonnades

Depuis plusieurs années déjà, les protestants étaient soumis à des mesures rigoureuses et fermement invités à rejoindre l'Église romaine. Des incitations financières ont permis d'acheter les consciences puis des méthodes plus brutales, les « dragonnades », ont été mises en œuvre pour convertir par la force.

Exode et résistance

Avec l'édit de Fontainebleau, la « *religion prétendue réformée* » est désormais interdite. Les ministres du culte sont chassés du royaume, les temples sont détruits, les écoles fermées et ceux qui persévèrent dans leur foi sont envoyés aux galères.
Il s'ensuit un important exode des protestants vers les pays voisins qui affaiblira, parce qu'il s'agit souvent d'artisans et de commerçants, l'économie du royaume. Pour autant, l'« hérésie » protestante n'est pas totalement éradiquée, et les foyers de résistance conduisent à la reprise des dragonnades.
L'intolérance religieuse de Louis XIV a une autre conséquence : elle exacerbe le ressentiment des pays protestants, à commencer par l'Angleterre.

1709-1710
Le « Grand Hyver »

La fin du règne de Louis XIV a été assombrie par des conditions climatiques désastreuses. L'hiver 1709 est le plus rigoureux qu'on ait vu depuis des décennies, voire des siècles.

À Paris, le thermomètre descend jusqu'à 20° au-dessous de zéro, les fleuves sont gelés, tout comme les sols. Le vin gèle même dans les carafes à la table du roi à Versailles.

Disette, famine et hausse de la mortalité

Dans les campagnes, les animaux meurent de froid par milliers, ajoutant à la disette provoquée par les mauvaises récoltes de l'année précédente qui a vu les moissons pourrir sur pied. Les récoltes d'hiver sont perdues, ce qui provoque une spéculation sur le prix des quelques rares denrées disponibles. La disette fait place à la famine. Dans les provinces du royaume, la mortalité s'accroît ; des villages entiers sont décimés, des hordes de vagabonds sont jetée sur les routes.

On estime que la France a perdu en cette seule année 1709 un demi-million de sujets de plus que les années précédentes. Louis XIV est bien sûr tenu informé de cette situation calamiteuse et de ces misères qu'il est impuissant à soulager.

1702
La révolte des camisards

Conséquence de la révocation de l'édit de Nantes par Louis XIV, durant deux ans – de 1702 à 1704 –, dans les Cévennes, les protestants se soulèvent contre l'autorité royale. Première « guérilla » moderne qui voit des bandes armées et parfaitement organisées tenir tête à l'armée royale, la révolte des Camisards, bien que de dimensions modestes, géographiquement et militairement, va susciter une légende glorieuse.

1715
LA MORT DE LOUIS XIV

Le 1er septembre 1715, Louis le Grand meurt à Versailles, âgé de soixante-seize ans. Son règne, le plus long de l'histoire de France, aura été brillant, portant à son apogée l'absolutisme royal.

Grand roi pour un Grand Siècle, au point de se confondre avec lui : le XVIIe siècle fut « *le siècle de Louis XIV* », durant lequel, estimait Voltaire, « *il s'est fait dans nos arts, dans nos esprits, dans nos mœurs, comme dans notre gouvernement, une révolution générale qui doit servir de marque éternelle à la véritable gloire de notre patrie* ».

Un grand héritage

Bâtisseur de Versailles, le Roi-Soleil a également construit le socle où est encore posée aujourd'hui « *la grandeur de la France* ». Servi par des collaborateurs qui ont pour nom Colbert, Louvois ou Vauban, il a mis en place des cadres politiques, économiques et culturels qui perdurent.

Buste en cire de Louis XIV (œuvre d'Antoine Benoist, 1710).

Les dernières difficultés

Les dernières années du règne ont été éprouvantes, marquées une nouvelle fois par la guerre, aggravées par le « *Grand Hyver* », et les sujets du roi manifestèrent à sa mort, sans conviction, leur chagrin.

1720
LA BANQUEROUTE DE LAW

L'Écossais John Law convainc le régent Philippe d'Orléans de lui accorder l'autorisation d'ouvrir une banque privée, puis bientôt le privilège de fonder une compagnie de commerce, la Compagnie du Mississippi.

Les revenus de cette seconde entreprise garantiront les actions émises par la première sous forme de papier-monnaie : tel est le système de Law.

La banque privée devient banque royale

Le Régent croit qu'un tel système permettra de remplir les caisses vides de l'État et, en 1718, l'établissement devient banque royale. Le financier écossais a désormais le monopole du commerce avec les colonies – dont les revenus espérés tardent pourtant – et, en 1720, il est nommé contrôleur général des Finances.

La même année, le système mis en place s'effondre. Les plus prudents ont compris que les compagnies de commerce avec l'outre-mer ne tiendront jamais leurs promesses de prospérité et ils décident de retirer leur capital. Le cours des actions chute, Law s'enfuit à l'étranger.

Billet de la banque royale de John Law (1719).

1763
LA FIN DE LA GUERRE DE SEPT ANS

La France, qui s'était battue « *pour le roi de Prusse* » durant la guerre de la Succession d'Autriche, achevée en 1748, reprenait les armes en 1756 pour une guerre de Sept Ans contre l'Angleterre, grande puissance maritime.

Guerre se déroulant sur toutes les mers du globe, depuis les Antilles jusqu'aux Indes, le conflit débute par les succès de Montcalm au Canada avant de tourner au fiasco.

Un calamiteux traité

Louis XV doit se résoudre à négocier en février 1763 le traité de Paris. La France perd l'empire colonial qui assurait la prospérité de ses ports atlantiques : Bordeaux, La Rochelle et Nantes.

Feu d'artifice sur la place Louis XV à l'occasion du traité de Paris en 1763.

En Amérique, la France abandonne le Canada, la Louisiane – dont une partie, rendue à la France en 1800, sera vendue par Bonaparte aux États-Unis – et tous ses territoires à l'est du Mississippi. Des îles Caraïbes, elle ne conserve que la Martinique et la Guadeloupe, Sainte-Lucie et la partie occidentale de Saint-Domingue (aujourd'hui Haïti). Aux Indes, enfin, cinq comptoirs achèvent la maigre liste de ces « *confettis d'empire* ».

1789 à 1791
La Révolution française

5 mai 1789 : la convocation des États généraux

Le 5 mai 1789 s'ouvrent les États généraux. C'est la première fois depuis 1614 qu'ils sont convoqués. Il est urgent de réformer le royaume et de trouver des réponses à une crise économique sans précédent. Alors que les ordres de la noblesse et du clergé s'arc-boutent sur leurs prérogatives, les représentants du tiers état sont résolus à faire valoir les aspirations profondes du peuple qui les a mandatés.

Lors de la prise de la Bastille, le gouverneur De Launay (au centre) est arrêté par les assaillants (Estampe du XVIIIᵉ siècle).

14 juillet 1789 : la prise de la Bastille

La tournure des événements est telle que le peuple parisien craint un complot aristocratique. Le renvoi du très populaire ministre des

Finances, Necker, a ajouté au mécontentement, si bien que les Parisiens cherchent des armes. Il y en a aux Invalides et des cortèges se dirigent aussi vers la prison de la Bastille. Le gouverneur de la citadelle, Launay, refuse d'ouvrir les portes et fait tirer sur la foule. La Bastille est alors envahie.

Nuit du 4 août 1789 : l'abolition des privilèges

Les États généraux se sont transformés en Assemblée constituante dont les députés votent, dans la nuit du 4 août, une décision historique : l'abolition des privilèges de la noblesse et du clergé. La France est encore une monarchie, mais l'Ancien Régime a vécu.

26 août 1789 : la Déclaration des droits de l'homme

L'Assemblée constituante a décidé que la future Constitution serait précédée d'une Déclaration des droits de l'homme dont la rédaction s'élabore du 20 au 26 août 1789. L'article premier énonce le principe d'égalité entre tous les citoyens : « *les hommes naissent et demeurent libres et égaux en droits.* » La Déclaration ne sera officielle qu'avec la proclamation de la Constitution, le 3 septembre 1791.

20 juin 1791 : la fuite de la famille royale

Louis XVI commet la pire faute en décidant de fuir la France, à l'instigation de Marie-Antoinette. La tentative échoue, le roi et sa famille sont rattrapés à Varennes, où ils sont reconnus. Les Français, qui n'avaient pas cessé de l'aimer, le considèrent désormais comme un traître à la Révolution. Le voilà maintenant prisonnier de ses sujets.

1791 à 1792
LA RÉVOLUTION FRANÇAISE

17 juillet 1791 : la fusillade du Champs-de-Mars
Que faire du roi après sa tentative de fuite ? Beaucoup veulent le destituer, voire le juger ; d'autres, le maintenir à son poste. Le 17 juillet 1791, les Parisiens sont appelés au Champs-de-Mars pour signer sur l'autel de la Patrie une pétition demandant « *le jugement d'un roi coupable* ». La troupe commandée par La Fayette ouvre le feu.

20 avril 1792 : la déclaration de guerre à l'Autriche
Face au péril que font peser les monarchies voisines, l'Assemblée législative déclare la guerre « *au roi de Bohême et de Hongrie* », c'est-à-dire à l'Autriche. Cinq jours plus tard, Rouget de Lisle compose un *Chant de guerre pour l'armée du Rhin*, bientôt rebaptisé *la Marseillaise*.

10 août 1792 : les sans-culottes aux Tuileries
La Révolution prend un tournant décisif le 10 août 1792 quand les sans-culottes parisiens prennent d'assaut le palais des Tuileries où demeure la famille royale. Tous les espoirs d'une monarchie constitutionnelle sont ruinés, Danton et Robespierre obtiennent la destitution du roi. La Révolution française met un terme définitif à la monarchie.

Peinture de Jean Duplessi-Bertaux, 1793.

2-7 septembre 1792 : les massacres de Septembre

Les mauvaises nouvelles de la guerre et les craintes d'un complot royaliste contre la Révolution ont fait naître un sentiment de peur puis de colère qui devient à partir du 2 septembre 1792 une vague de violences sans précédent. Pendant plusieurs jours, les sans-culottes se précipitent dans les prisons pour y massacrer les aristocrates et les ennemis de la Révolution qui y sont enfermés. Les massacres de Septembre font près de 1500 morts.

Gravure de G. Jacowick.

20 septembre 1792 : la victoire de Valmy

La patrie est en danger et Danton a réclamé « *de l'audace, toujours de l'audace* » pour mettre un terme au revers essuyé dans les premiers mois de la guerre. Sous les ordres de Kellerman, les armées de la Révolution, au cri de « *Vive la nation !* », sont enfin victorieuses le 20 septembre 1792 à Valmy, une victoire sur les Prussiens du duc de Brunswick qui galvanise tous les Français.

21 septembre 1792 : l'abolition de la monarchie et la proclamation de la république

Au lendemain de la victoire de Valmy, la Convention nationale tient sa première séance et inaugure ses travaux en décrétant officiellement l'abolition de la monarchie en France. À compter de ce jour, tous les actes sont datés de l'an I de la République.

1793 à 1795
La Révolution française

21 janvier 1793 : l'exécution de Louis XVI
Le procès du roi, devenu le simple citoyen Capet, s'ouvre le 11 décembre 1792 devant les élus de la Convention. Les débats durent plusieurs semaines jusqu'au 16 janvier 1793, date à laquelle Louis XVI est reconnu « *coupable de conspiration contre la liberté et d'attentats contre la sûreté de l'État* ». Il est condamné à mort. La sentence est exécutée place de la Révolution, devant une foule immense.

10 mars 1793 : l'insurrection vendéenne
Faute de volontaires pour poursuivre la guerre, la Convention décrète le 10 mars 1793 la « *levée en masse* » de 300 000 hommes dans tout le pays. Une mesure qui met le feu aux poudres dans l'ouest de la France. C'est le début de l'insurrection vendéenne contre la Révolution, la « *chouannerie* », qui durera jusqu'en 1795 et fera plus de 150 000 morts.

17 septembre 1793 : le début de la Terreur

Pour faire face à l'insurrection vendéenne et aux dangers qui menacent la Révolution, la Convention vote la «*loi des suspects*» qui permet d'arrêter arbitrairement «*tous ceux qui, soit par leur conduite, soit par leurs relations, soit par leur propos ou leurs écrits, se sont montrés partisans de la tyrannie ou du fédéralisme, et ennemis de la liberté*». C'est le début de la sombre période de la Terreur.

Une séance du conseil des Cinq-Cents, sous le Directoire (Gravure coloriée, 1796).

1795 : instauration du Directoire

Le régime de la Terreur et les excès sanglants du Tribunal révolutionnaire s'achèvent avec la chute de Robespierre le 9 Thermidor (27 juillet 1794). La République cherche une nouvelle forme de gouvernement. La Constitution de l'an III est proclamée le 22 août 1795. Elle met en place des institutions qui doivent éviter la dictature et confie le pouvoir exécutif à cinq « Directeurs » : Letourneur, Reubell, Barras, La Revellière-Lépeaux et Carnot. Le Directoire prend ses fonctions le 26 octobre avec pour mission de finir la Révolution.

Estampe anonyme, 1793.

Bonaparte

1796-1797 : la campagne d'Italie

Le Directoire confie au général Bonaparte l'armée d'Italie pour aller combattre les Autrichiens. Le jeune général franchit les Alpes et révèle son génie militaire, s'emparant du Piémont en quelques semaines. Après les victoires de Castiglione, d'Arcole puis de Rivoli, Bonaparte s'est imposé comme un grand tacticien et un fin diplomate avec lequel il faudra désormais compter.

1798-1799 : la campagne d'Égypte

En missionnant Bonaparte en Égypte, le Directoire souhaite entraver les ambitions britanniques dans cette région, et les débuts de la campagne sont prometteurs : prise de Malte et d'Alexandrie, victoire des Pyramides en juillet 1798 contre les Mamelouks...
Mais ces succès sur terre ne peuvent empêcher la marine anglaise commandée par Nelson de détruire la flotte française à Aboukir. La grande réussite de Bonaparte reste l'expédition scientifique qui permettra de redécouvrir la civilisation égyptienne. C'est à cette

occasion que fut découverte à Rosette la pierre grâce à laquelle Champollion déchiffrera le mystère des hiéroglyphes.

9 novembre 1799 : le coup d'État du 18 brumaire

La Révolution est finie, c'est ce qu'affirme le « citoyen » Bonaparte après son coup de force du 18 brumaire

Bonaparte se présente au corps législatif et décide de dissoudre l'Assemblée (Gravure coloriée de G. Aliprandé, XIXᵉ siècle).

de l'an VII : « *Nous avons fini le roman de la Révolution : il faut en commencer l'histoire.* » Un programme aussi bref qu'ambitieux que présente ce « *petit caporal corse* » devenu général de brigade. « *Robespierre à cheval* » selon ses adversaires, Bonaparte sait bien que l'armée de la République a désormais pris le pas sur les sans-culottes ; c'est elle qui doit terminer enfin la Révolution pour instaurer véritablement le nouveau régime.

Bonaparte nommé consul

Mais le coup d'État manque d'échouer : les Cinq-Cents méprisent le petit général qu'ils accueillent au cri de « *À bas la dictature !* », Bonaparte est bousculé, un couteau est sorti... Lucien Bonaparte, président des Cinq-Cents, sauve la mise à son frère et fait intervenir les soldats de Murat. Trois consuls sont nommés pour rédiger une Constitution. Parmi eux, Bonaparte, qui évincera les deux autres. La Révolution française est terminée ! Le destin de Napoléon commence.

Bonaparte au pont d'Arcole (Gravure de 1796).

Napoléon

2 décembre 1804 : le sacre de l'Empereur
Déjà nommé consul à vie depuis 1802, Napoléon Bonaparte fait voter le 18 mai 1804 un sénatus-consulte qui le proclame « *empereur des Français* ». Le sacre a lieu dans la cathédrale Notre-Dame de Paris le 2 décembre suivant.

Le sacre de Napoléon, peinture de David (1806-1807).
Napoléon sacra lui-même l'impératrice Joséphine.

21 octobre 1805 : le désastre maritime de Trafalgar
La flotte britannique de l'amiral Nelson coule la moitié des bâtiments français commandés par Villeneuve au large de Cadix, à Trafalgar. Ce désastre ôte à Napoléon tout espoir d'envahir l'Angleterre.

2 décembre 1805 : la victoire d'Austerlitz
Une coalition austro-russe financée par l'Angleterre se dresse contre la France, et Napoléon choisit de déplacer sa Grande Armée

à marche forcée en direction de Vienne où elle entre victorieuse en novembre 1805. La bataille décisive a lieu le 2 décembre, près du village d'Austerlitz (dans l'actuelle République tchèque). La «bataille des Trois Empereurs» s'achève par une éclatante victoire de Napoléon.

1806-1809 : les campagnes napoléoniennes

La paix qui suit sera de courte durée, l'Angleterre poussant les puissances occidentales à se coaliser contre « l'Ogre ». Mais la Grande Armée vole de victoire en victoire, forgeant sa légende : victoires d'Iéna et d'Auerstaedt (Allemagne) contre la Prusse le 14 octobre 1806, victoires d'Eylau le 8 février et de Friedland le 14 juin 1807 contre les Russes, victoire d'Eckmühl (Bavière) contre l'Autriche le 22 avril 1809, victoires d'Essling (Autriche) le 22 mai 1809 et de Wagram le 6 juillet 1809 contre l'Autriche…

Mai 1808 : la guerre d'Espagne

Napoléon commet l'erreur de conduire ses armées en Espagne. S'il entre facilement dans Madrid, il suscite la colère des Espagnols en chassant le roi pour placer son frère Jérôme sur le trône. Il s'ensuit le soulèvement des Madrilènes le 2 mai 1808, sévèrement réprimé. L'Espagne devient pour les Français, confrontés à la guérilla, un guêpier dont profiteront les Anglais pour débarquer dans la péninsule.

Napoléon à la bataille de Wagram (peinture d'Horace Vernet, 1835).

Napoléon

Novembre 1812 : la retraite de Russie

La campagne de Russie menée contre le tsar Alexandre II s'annonce triomphale après la victoire de la Moskova qui ouvre à Napoléon les portes de Moscou où il entre le 14 septembre 1812. Mais les Russes ont fait de la ville un piège : le jour même, Moscou brûle, l'incendie oblige les troupes françaises à se retirer. Loin de ses bases arrière, harcelée par les troupes russes, la Grande Armée doit affronter un hiver terrible qui la décime. Le pire survient lors du franchissement de la Berezina. La rivière, dégelée, est un obstacle au passage des Français qui doivent jeter des ponts ; Napoléon doit y abandonner une partie de la Grande Armée dont la retraite de Russie a sonné le glas.

Janvier et février 1814 : la campagne de France

Une sixième coalition rassemblant l'Autriche, la Prusse, la Russie et l'Angleterre s'est formée contre la France. La bataille de Brienne en

Napoléon Iᵉʳ à Waterloo dans les dernières heures de la bataille.

janvier 1814, les victoires françaises de Champaubert et de Montmirail en février ne peuvent freiner la progression de l'ennemi qui marche sur Paris. La ville doit ouvrir ses portes le 31 mars.

6 avril 1814 : l'abdication de Napoléon

À Fontainebleau, Napoléon signe le 6 avril 1814 l'acte d'abdication. Le 20, l'empereur fait ses adieux aux soldats de sa Vieille Garde, qu'il a « *toujours trouvés sur les chemins de la gloire et de l'honneur* », puis

L'abdication de Napoléon Ier à Fontainebleau

prend la route de l'exil. Le 28 avril, il embarque pour l'île d'Elbe.

Mars à juin 1815 : les Cent-Jours

Cent jours. C'est la durée du « *vol de l'Aigle* », revenu de son exil de l'île d'Elbe pour chasser Louis XVIII à peine « restauré ». Mais Napoléon a face à lui une formidable coalition européenne conduite par l'Angleterre et bien déterminée à ne pas laisser « l'Ogre » régner de nouveau.

La confrontation a lieu le 18 juin 1815, en Belgique, dans la morne plaine de Waterloo. La Grande Armée, victorieuse deux jours auparavant à Ligny, ne peut cette fois faire face. La tactique de Napoléon échoue, il attendait Grouchy... c'était Blücher ! Le sacrifice de la vieille garde ne suffit pas, et le mot célèbre du général Cambronne : « *la Garde meurt mais ne se rend pas !* » met un terme définitif à une épopée qui peut entrer dans la légende.

29 mai 1824
Le couronnement de Charles X

À la mort de Louis XVIII, en 1824, le comte d'Artois, dernier frère de Louis XVI, devient roi de France.

Charles X est un prince d'Ancien Régime qui entend rétablir tous les privilèges de l'aristocratie et qui se fait solennellement sacrer à Reims le 29 mai 1825 selon un rite et des traditions séculaires, oubliés depuis la Révolution.

Un retour de la noblesse et du clergé

Roi de France « *par la grâce de Dieu* », Charles est un homme dévot qui renforce la position de l'Église, renouant les liens du « *trône et de l'autel* », ce que ses sujets observent non sans méfiance. Ses partisans forment un parti des « ultras » qui n'a de cesse de voir la noblesse retrouver toutes ses prérogatives. Charles X met en œuvre une politique réactionnaire et cléricale et renforce ainsi l'opposition libérale et républicaine. Parmi ses décisions impopulaires : la loi dite du « *milliard des émigrés* » qui prévoit de dédommager l'aristocratie « spoliée » par les années de révolution et des lois sur la presse particulièrement répressives.

Après six ans d'un règne « anachronique », Charles X sera chassé du trône par une révolution qui ne durera que trois jours.

JUIN 1830
La conquête de l'Algérie

Le 14 juin 1830, un corps expéditionnaire débarque à Sidi-Ferruch en Algérie où le dey d'Alger, « coupable » d'avoir insulté le consul de France trois ans auparavant, ne pourra résister longtemps. Alger se rend le 5 juillet. Après la prise de la smala d'Abd el-Kader, la conquête militaire cède la place à une colonisation de l'Algérie qui devient française pour plus d'un siècle.

27, 28 et 29 juillet 1830
Les Trois Glorieuses

Les élections à la Chambre de 1830 marquent le triomphe de l'opposition à Charles X, mais le roi n'est pas disposé à laisser les libéraux gouverner.

Il décide de dissoudre l'Assemblée. De nouvelles élections sont organisées, qui ne sont pas plus avantageuses. Le roi ne cède pourtant pas et choisit de gouverner par ordonnances.

Un coup de force d'autant plus inacceptable que les premières ordonnances promulguées à Saint-Cloud le 25 juillet 1830 cherchent à museler brutalement l'opposition : abrogation de la liberté de la presse, réforme électorale, dissolution de la Chambre des députés...

La prise de l'Hôtel de ville, le 28 juillet 1830 (tableau d'Amédée Bourgeois, XIXᵉ siècle).

Vers la monarchie de Juillet

Les 27, 28 et 29 juillet 1830, les Parisiens prennent les armes, brandissent de nouveau le drapeau tricolore et chassent Charles X. C'est son cousin, le duc d'Orléans, qui monte sur le trône. Les « trois glorieuses » journées révolutionnaires de 1830 sont en partie un échec pour les républicains.

22 au 24 février 1848
LA RÉVOLUTION DE 1848

« Roi des Français » et non roi de France, « roi bourgeois » et libéral, Louis-Philippe n'a pas su empêcher les aspirations républicaines de se répandre.

La IIe République

En février 1848, après quelques jours d'une révolte qui devient une révolution, la IIe République est proclamée dans un élan lyrique et fraternel qui fait naître tous les espoirs tandis que Lamartine impose le drapeau tricolore : adoption du suffrage universel (masculin !...), proclamation du droit au travail, confirmation des libertés publiques, abolition de l'esclavage...

Mais c'est bientôt la désillusion, face au chômage surtout et à l'échec cuisant de l'expérience des « ateliers nationaux ». En juin, les manifestations sont très sévèrement réprimées ; la république est un long et difficile combat...

Une barricade en juin 1848 (Lithographie de C. E. de Beaumont, XIXe siècle).

2 décembre 1851
LE COUP D'ÉTAT DE LOUIS NAPOLÉON BONAPARTE

Élu en décembre 1848 premier président de la République, Louis Napoléon Bonaparte n'entend pas se satisfaire d'un mandat unique comme le prévoit la Constitution.

Le 2 décembre 1851, jour anniversaire d'Austerlitz et du sacre de Napoléon Ier, l'opération « Rubicon » est déclenchée.

De la République à l'Empire

Quelques barricades sont dressées dans Paris, quelques émeutes éclatent dans les départements les plus républicains, mais l'opération réussit. Les Français sont appelés à approuver une nouvelle Constitution qui donne les pleins pouvoirs au président.
Les élections, efficacement organisées par les préfets, portent sans surprise à l'Assemblée une majorité entièrement acquise à Louis-Napoléon qui peut, sans trop de crainte, demander par plébiscite, en novembre 1852, le rétablissement de l'Empire, lequel est approuvé par 7 800 000 voix contre 250 000. Pour Louis Napoléon Bonaparte devenu Napoléon III, c'est le début du règne.

Louis-Napoléon Bonaparte (gravure sur bois, 1851).

1854-1856
LA GUERRE DE CRIMÉE

« L'empire, c'est la paix ! » a proclamé Napoléon III. Or, l'empereur est soucieux de conserver à la France un rôle dans le concert des nations européennes.

Allié des Anglais, Napoléon III prend prétexte d'une querelle concernant la protection des Lieux saints de Jérusalem, où les moines orthodoxes sont de plus en plus nombreux, pour freiner l'expansionnisme dangereux de la Russie. Celle-ci ne cache d'ailleurs pas son désir d'affaiblir l'Empire ottoman et de s'emparer des détroits (Bosphore et Dardanelles) qui lui donneraient un accès à la mer Méditerranée.

Les victoires de l'Alma et de Sébastopol

En mars 1854, Anglais et Français déclarent la guerre à la Russie. L'effort de guerre se porte sur la presqu'île de Crimée où ils remportent la victoire de l'Alma et conquièrent, après un an de siège, Sébastopol où le général de Mac Mahon s'illustre en s'emparant du fort de Malakoff. *« J'y suis, j'y reste ! »* lance-t-il en plantant le drapeau tricolore.

Le pouvoir impérial renforcé

En France, cette victoire a un profond retentissement, et ce n'était pas le moindre des calculs politiques de Napoléon III que d'asseoir la légitimité de l'Empire par une gloire militaire, digne héritière de celle de son oncle Napoléon Ier. Une gloire qui a un coût : en moins de deux ans d'une guerre « moderne », 100 000 soldats français sont morts en Crimée, la plupart de maladie.

1870
LA GUERRE FRANCO-PRUSSIENNE

Pour le chancelier prussien Bismarck, la France représente le principal obstacle à l'unification de la nation allemande.

Quand Bismarck annonce la candidature d'un prince prussien au trône d'Espagne, l'émotion suscitée est considérable. L'équilibre des forces en Europe en serait bouleversé et mettrait la France dans une position périlleuse... Napoléon III ne veut pas la guerre, mais, vieilli et malade, il se laisse convaincre par son entourage. Le 17 juillet 1870, la guerre est déclarée.

Une campagne désastreuse
État-major inefficace, armement obsolète, troupes mal préparées... l'affaire est vite entendue malgré les charges héroïques. Wissembourg, Frœschwiller, Rezonville, Forbach, sont autant de défaites cuisantes. À Sedan, Napoléon III ne peut empêcher l'encerclement d'une armée en déroute et se résout à faire hisser le drapeau blanc.
Le 2 septembre, la France capitule... et perd l'Alsace et la Lorraine !

La reddition de Napoléon III lors du désastre de Sedan.

4 septembre 1870
La proclamation de la IIIᵉ République

L'armée française a capitulé, mais pas la nation, bien déterminée à poursuivre le combat. Le 4 septembre, Jules Ferry et Léon Gambetta proclament la IIIᵉ République et forment un gouvernement de la Défense nationale.

Paris, de son côté, s'apprête à résister, retranchée derrière sa puissante enceinte.

Défaite militaire

Mais les Français doivent s'incliner devant la supériorité de l'armée prussienne. Le 29 janvier 1871, épuisé par un long siège, Paris capitule. Si la France a perdu une guerre, elle a cependant gagné un régime, car la république proclamée après Sedan, née de la défaite, n'est pas reniée, même s'ils sont nombreux à ne pas en vouloir et à espérer une restauration de la monarchie, voire le retour d'un Bonaparte.

Le triomphe de la République (Estampe du XIXᵉ siècle).

Un nouveau régime

Cette république n'a même pas de Constitution. Il faut attendre 1875 et l'amendement du député Wallon pour que soit instituée l'élection du président de la République pour sept ans par les deux chambres. Son rôle sera plutôt celui d'un arbitre. Mais la IIIᵉ République s'installe et restera en place jusqu'en 1940…

1871
LA COMMUNE DE PARIS

Les premières élections législatives sont un camouflet pour les républicains : les monarchistes sont majoritaires ! C'en est trop pour le peuple parisien...

Il a souffert un long siège et craint de voir ses aspirations ruinées alors que le gouvernement d'Adolphe Thiers, établi à Versailles, commet la lourde faute de vouloir reprendre aux Parisiens les canons installés à Montmartre. C'est l'insurrection ; la « Commune de Paris » prend le pouvoir dans la capitale.
Cette première grande expérience républicaine et socialiste durera deux mois, jusqu'à son anéantissement brutal par les Versaillais lors de la « semaine sanglante » de mai 1871.

Barricade de la Chaussée Ménilmontant, durant la Commune de Paris (photographie, 18 mars 1871).

28 mars 1882
LES LOIS FERRY

Le « grand œuvre » de la IIIe République reste incontestablement l'avènement d'une école laïque, gratuite et obligatoire.

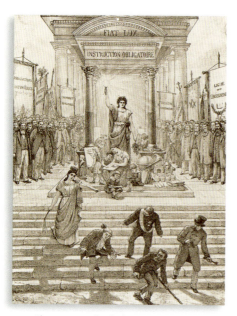

L'instruction, c'est la lumière (Gravure de 1885).

C'était l'ambition de Jules Ferry, ministre de l'Instruction publique, et de tous ceux qui pensaient que l'idéal républicain impliquait que chacun dispose des outils intellectuels pour devenir pleinement citoyen et servir son pays. L'école sera donc l'instrument efficace de ce programme.

Une école obligatoire de six à treize ans

Une première loi votée en 1881 rend l'école gratuite, avant que la loi du 28 mars 1882 dispose que « *l'instruction primaire est obligatoire pour les enfants des deux sexes âgés de six ans révolus à treize ans révolus ; elle peut être donnée soit dans* les établissements d'instruction primaire ou secondaire, soit dans les écoles publiques ou libres, soit dans les familles, par le père de famille lui-même ou par toute autre personne qu'il aura choisie ».

La religion sort de l'école publique

Cette même loi, qui institue le certificat d'études primaires, prévoit que l'école de la République sera laïque. Désormais, « *l'instruction religieuse appartient aux familles et à l'Église, l'instruction morale à l'école* ».

Cet idéal républicain, qui a connu des réformes et dont la défense a suscité des manifestations, est demeuré jusqu'à aujourd'hui l'un des enjeux les plus importants pour les Français.

Le rêve colonial de Jules Ferry

Savorgnan de Brazza pendant son dernier voyage au Congo.

Pour Jules Ferry, la République devait non seulement se construire à l'école, mais elle devait également « exporter » son idéal à travers le monde, car il estimait que « *les races supérieures avaient un devoir à l'égard des races inférieures* »...

Il entreprit alors une politique d'expansion coloniale sans précédent, en Afrique notamment, avec la conquête du Congo en 1879, le protectorat sur la Tunisie en 1881, la conquête de Madagascar en 1894. De nombreuses expéditions furent envoyées au Soudan, en Côte d'Ivoire, au Dahomey, autant d'explorations qui préparèrent l'avènement du second empire colonial français.

Les ambitions de Jules Ferry en Indochine furent en partie stoppées par la défaite de Lang Son, au Tonkin, en 1885.

1894-1906
L'affaire Dreyfus

En 1894, convaincu d'espionnage au profit de l'Allemagne, le capitaine Dreyfus a été condamné au bagne.

L'opinion publique est alors trop animée d'un esprit revanchard – et, pour une part d'entre elle, trop profondément antisémite – pour s'indigner d'un procès hâtif et d'un jugement discutable.

« J'accuse… »

Quatre ans après, Émile Zola publie dans *l'Aurore* une lettre ouverte au président de la République dans laquelle il accuse l'armée et la justice d'avoir laissé condamner un innocent. Bientôt, le colonel Henry avoue avoir «fabriqué» la culpabilité de Dreyfus. L'«Affaire» devient un scandale d'État et déchire la France.

Lent chemin vers la réhabilitation

Un second procès s'ouvre en août 1899, et, malgré les preuves accablantes d'une machination, Dreyfus est une fois encore reconnu coupable – avec des circonstances atténuantes. Le président Émile Loubet signera sa grâce – sans qu'il soit reconnu innocent. Il faudra attendre le procès en cassation, en juillet 1906, pour que Dreyfus soit définitivement réhabilité.

Alfred Dreyfus devant le conseil de guerre de Rennes (photographie du 7 août 1899).

9 décembre 1905
La séparation des Églises et de l'État

Avec le lent et inexorable mouvement de déchristianisation qui a gagné la France, la IIIe République croit venu le moment de séparer définitivement le spirituel du temporel alors que le Concordat de 1801 est encore en vigueur.

Le mot de Gambetta : « *le cléricalisme, voilà l'ennemi !* » a pu heurter bien des consciences, mais il exprime un sentiment partagé par de nombreux républicains qui veulent voir cesser l'union du trône et de l'autel, du sabre et du goupillon.

Vers la laïcité républicaine

En 1882, les lois Ferry sur l'école laïque avaient ouvert la voie, puis la loi de 1901 sur les associations, à l'initiative de Waldeck Rousseau, avait permis un plus grand contrôle des multiples congrégations religieuses, puisque toutes les associations ont dorénavant besoin d'une autorisation administrative.

Une étape supplémentaire est franchie en 1904, sous l'impulsion d'Émile Combes, avec la loi interdisant aux congrégations d'enseigner, une décision qui entraîne la rupture des relations entre la France et le Saint-Siège.

Promulguée à 341 voix contre 233

En 1905 enfin, la République achève le chemin qui doit conduire à la séparation définitive des Églises et de l'État. Une loi, à l'initiative du député Aristide Briand, est adoptée pour remplacer le régime du Concordat. Bien sûr, les cultes ne sont pas interdits, car la liberté de conscience est assurée à tous les citoyens, mais désormais l'État n'en reconnaît ni n'en subventionne aucun.

La Première Guerre mondiale

Août 1914 : l'Union sacrée

Le jeu des alliances internationales a conduit, après l'assassinat de l'archiduc François-Joseph à Sarajevo le 28 juin, au déclenchement d'une guerre dont personne n'imagine encore les dimensions. Instillé dans les mentalités, l'esprit de revanche a joué à plein et les appels à la paix du socialiste Jean Jaurès, assassiné le 31 juillet, n'ont pas suffi.

Le départ des soldats en août 1914 (photographie de Moreau).

Le 3 août, la guerre est déclarée. Si les esprits y étaient préparés, les cœurs le sont beaucoup moins, mais chacun fait son devoir dans la résignation et la discipline. Les autorités politiques, malgré les forts clivages, font preuve de la même cohésion ; gauche et droite confondues en appellent à l'Union sacrée, dont la presse se fait l'écho pour galvaniser la France. La guerre sera courte, feint-on de croire, et « *Tous à Berlin !* » devient le cri de ralliement.

Septembre 1914 : les taxis de la Marne

Les Allemands, vainqueurs dans les Ardennes et à Charleroi, ont obligé les Français à se replier et menacent bientôt Paris. Le général Gallieni décide de réquisitionner les taxis de la capitale pour porter des renforts sur le front de la Marne.
Le 8 septembre, l'avancée des Allemands est bloquée ; le 9, ils sont contraints de battre en retraite.
Si les « taxis de la Marne » ont joué un rôle très modeste dans cette victoire, ils sont toutefois entrés dans la légende.

Décembre 1914 : début de la guerre des tranchées

Il s'ensuit alors une course de vitesse entre les adversaires pour essayer de déborder les positions ennemies, mais cette « course à la mer » s'avère inutile.
Après plus de trois mois de guerre, il est évident que celle-ci ne sera pas courte comme on le pensait. Les grandes batailles rangées ne sont plus de mise face à une artillerie de plus en plus puissante. Plutôt que de poursuivre dans des assauts meurtriers et inefficaces, Français et Allemands choisissent de fixer leurs lignes de front en enterrant leurs troupes à l'abri des obus.
On passe d'une guerre de mouvement à une guerre de position, même si les états-majors conservent encore l'espoir de reprendre l'offensive et de percer les lignes adverses. Commence alors la longue guerre des tranchées qui durera jusqu'en 1918.

La Première Guerre mondiale

1916 : bataille de Verdun

« *Saigner à blanc l'armée française* », tel est l'objectif de l'état-major allemand pour en finir avec la guerre de position. Le secteur fortifié de Verdun est le lieu choisi. Au matin du 21 février, les Allemands y déversent un déluge de feu, transformant Verdun en un enfer qui durera jusqu'en décembre.

Le général Pétain trouve les mots pour encourager les troupes : « *On les aura !* » affirme-t-il. Pour ravitailler la ligne de front en matériel et en hommes, la route reliant Bar-le-Duc à Verdun devient la « Voie sacrée » qui permet de résister. Au bois des Caures, aux forts de Vaux et de Douaumont, à la cote 304 et au Mort-Homme, les combats sont d'une violence inouïe, mais les poilus repoussent fin juin une nouvelle offensive. En décembre, toutes les positions sont reprises. La victoire a un prix terrible : 275 000 soldats français sont morts ou portés disparus, 240 000 Allemands ont été tués.

Tranchée occupée par les Français à Verdun en 1916.

Juillet à novembre 1916 : la bataille de la Somme

Français et Anglais lancent le 1er juillet 1916 une puissante offensive sur le front de la Somme, qui échoue face à la résistance des lignes allemandes. Poursuivie jusqu'en novembre, la bataille de la Somme ne permettra d'avancer que de quelques kilomètres. Le bilan est terrible : 50 000 Français sont morts ou portés disparus.

La bataille du chemin des Dames, le 5 mai 1917 (Tableau de F. Flameng, 1918).

Avril 1917 : début de l'offensive du Chemin des Dames

Le 16 avril 1917, une nouvelle offensive est lancée sur le Chemin des Dames, dans l'Aisne, pour briser les lignes ennemies. Mal préparée, c'est un échec, mais l'état-major s'obstine et la bataille dure jusqu'en octobre. 200 000 Français sont mis hors de combat, en pure perte.

1917 : les mutineries

Conséquence de l'échec meurtrier du Chemin des Dames, des soldats se mutinent pour protester contre la tactique de l'état-major. Des régiments entiers refusent de retourner «au casse-pipe», et, s'ils ne renoncent pas à se battre, les hommes exigent plus de considération face à leur souffrance. Les autorités militaires réagissent en condamnant à mort plus de cinq cents mutinés. Seuls 49 d'entre eux seront fusillés. À l'arrière, les difficultés de ravitaillement et l'augmentation des prix provoquent un vaste mouvement de grève en mai 1917.

La Première Guerre mondiale

20 novembre 1917 : Clemenceau au pouvoir
Nommé président du Conseil, Georges Clemenceau est déterminé à mener une « guerre intégrale », se réservant les ministères de la Guerre et des Affaires étrangères. Le pays, dit-il, « *saura qu'il est défendu* »... Clemenceau, surnommé « le Tigre », sera bientôt pour tous les Français « le Père la Victoire ».

Juillet 1918 : offensive allemande en Champagne
L'armée allemande, après avoir contenu l'assaut des troupes françaises au Chemin des Dames, lance une nouvelle et puissante offensive en Champagne à partir du 15 juillet 1918. L'ennemi progresse jusqu'à Château-Thierry et menace Paris qui est bombardé par la « Grosse Bertha », une puissante pièce d'artillerie. Mais la contre-attaque française réussit, en partie grâce au renfort des Sammies, les premiers soldats américains débarqués en France à partir de juin 1917.

La victoire des Alliés à l'issue de cette seconde bataille de la Marne stoppe définitivement les divisions allemandes, qui commencent à se replier.

Clemenceau rend visite aux soldats du front (ici dans une tranchée près de Verdun), le 15 septembre 1917.

11 novembre 1918 : la victoire

L'engagement des Américains dans la guerre change la donne : partout les Allemands reculent et Guillaume II voit ses alliés l'abandonner (la Bulgarie, la Turquie, l'Autriche-Hongrie…). L'Allemagne, à bout de force, préfère négocier un armistice. Les pourparlers sont entamés le 6 novembre dans une totale impréparation : les plénipotentiaires allemands se sont procuré une nappe de cuisine en guise de drapeau blanc…
Ils s'achèvent le 11 ; l'armistice est signé en forêt de Compiègne, à Rethondes, à 5 h 10 et entre en vigueur six heures plus tard, soit la onzième heure du onzième jour du onzième mois ! Le bilan est terrible : 1 400 000 soldats français sont morts, 3 millions d'entre eux ont été blessés ou gazés, 740 000 mutilés.

Signature du traité de paix dans la galerie des Glaces du château de Versailles.

28 juin 1919 : signature du traité de Versailles

À l'issue d'une laborieuse conférence de la paix, le traité de Versailles est signé dans la galerie des Glaces. L'Allemagne doit accepter une « *paix accablante et ignominieuse* » : restitution de l'Alsace-Lorraine, amputation d'une partie de son territoire, cession de l'exploitation des mines de la Sarre, limitation de ses effectifs militaires… Elle doit en outre payer des « réparations » d'un montant de 132 milliards de marks-or. Ces conditions très dures contiennent en germe le ressentiment qui conduira à un prochain conflit.

25 décembre 1920
Le Congrès de Tours

Réunis en congrès à Tours, les délégués de la SFIO doivent se prononcer pour l'adhésion des socialistes français à la IIIe Internationale fondée l'année précédente à Moscou.

Les drames de la Grande Guerre et la participation des socialistes au gouvernement d'union sacrée en ont convaincu plus d'un qu'il fallait suivre l'exemple prometteur des bolcheviques.

Contre l'avis de Léon Blum

D'autres en revanche, derrière Léon Blum, se demandent s'il faut inféoder le socialisme français à Moscou dont les vingt-et-une conditions d'adhésion sont jugées inacceptables car totalement contraires aux traditions de la gauche française.

Le congrès s'achève sur une nette victoire des partisans de l'adhésion qui fondent alors la Section française de l'Internationale communiste. Ils prendront l'année suivante le nom de Parti communiste.
La minorité, avec Léon Blum, décide de garder « *la vieille maison* » SFIO.

Le congrès de Tours en décembre 1920.

6 février 1934
La manifestation du 6 février

Le scandale politico-financier de l'affaire Stavisky, sur fond de crise économique, a achevé d'irriter l'opinion publique et a suscité la colère des ligues d'extrême droite.

Pour ces ligues, la République, est seule responsable de la déliquescence des mœurs. Une violente campagne de presse fustige « *la République des tricheurs* » et les ligues appellent à une grande manifestation devant l'Assemblée nationale le 6 février.

La Une du Matin, le 7 février 1934.

De la manifestation à l'émeute

Plus de 40 000 personnes se rassemblent place de la Concorde, des anciens combattants, mais aussi les monarchistes de l'Action française, les camelots du roi, les Croix-de-Feu du colonel de La Rocque, les Jeunesses patriotes, ceux de Solidarité française... Des communistes sont venus eux aussi.

Dans la soirée, un événement – peut-être une fusillade – met le feu aux poudres et la manifestation dégénère en de très violents combats de rue. La police réagit, craignant que le Palais Bourbon ne soit pris d'assaut. Seize manifestants sont tués et les ligues seront dissoutes.

1936
LE FRONT POPULAIRE

Favorisée par la montée des périls et la menace du fascisme, l'union des partis de gauche a conduit à la victoire du Front populaire aux élections de mai 1936.

S'ouvre alors une ère d'enthousiasme dans la classe ouvrière, concrétisée par les réalisations du gouvernement de Léon Blum. Les accords Matignon prévoient des augmentations de salaires de 7 à 15 % et réduisent la semaine de travail à quarante heures. La plus emblématique de ces mesures reste l'instauration de deux semaines de congés payés. Pour la première fois, des millions d'ouvriers vont découvrir la mer !

Les dangers à l'horizon

Le « Front pop » demeure dans l'histoire comme une parenthèse heureuse, mais un bonheur de courte durée. La guerre civile espagnole met le front populaire dans l'embarras, les difficultés économiques obligent dès l'année suivante à faire « *une pause dans les réformes* », puis survient le « *lâche soulagement* » des accords de Munich.

Défilé du Front populaire, place de la Bastille, le 14 juillet 1936.

29-30 septembre 1938
Les accords de Munich

Daladier, Chamberlain, Mussolini et Hitler se rencontrent à Munich pour trouver une issue à la grave crise que la question tchécoslovaque a ouverte.

Depuis plusieurs mois, Hitler avance ses pions: il a remilitarisé la Rhénanie, réalisé l'Anschluss qui a réuni l'Autriche à l'Allemagne; il convoite désormais la région des Sudètes en Tchécoslovaquie, où vivent 3 millions d'Allemands.

Un jeu dangereux

La Tchécoslovaquie se sent protégée par les accords d'assistance qu'elle a signés avec la France et qui garantissent ses frontières avec le traité de Saint-Germain-en-Laye, en 1918. Hitler pense que ni la France ni la Grande-Bretagne n'oseront laisser le jeu des alliances déboucher sur un conflit armé et exige l'annexion des Sudètes.

La France rappelle aussitôt 400 000 réservistes et la guerre semble inévitable, jusqu'à l'ultime entrevue de Munich.

Le 30 septembre, pour préserver la paix, la France et la Grande-Bretagne cèdent devant les prétentions du Führer.

Daladier signant les accords de Munich devant Hitler et Göring.

La Seconde Guerre mondiale

3 septembre 1939 : la déclaration de guerre

L'invasion de la Pologne par le Reich hitlérien ne pouvait laisser la Grande-Bretagne et la France indifférentes. Le fatal engrenage des alliances militaires se mettait en place et, le 3 septembre 1939, la France déclarait la guerre à l'Allemagne.

10 mai 1940 : l'offensive éclair

Après huit mois d'une « drôle de guerre », les Allemands sont passés à l'offensive. La ligne Maginot, que l'on croyait infranchissable, a été purement et simplement... contournée. Les blindés de Guderian ont fait une percée spectaculaire à travers les Ardennes. Le 14 mai, les Allemands sont à Paris alors que le gouvernement français s'est replié sur Bordeaux. L'armée française a été balayée mais s'est battue avec courage : 120 000 soldats sont morts, 200 000 ont été blessés, et deux millions d'entre eux sont prisonniers.

18 juin 1940 : l'appel du 18 juin

Le général de Gaulle, sous-secrétaire d'État à la Défense nationale dans le gouvernement de Paul Reynaud, a refusé toute idée de capitulation et s'est envolé pour Londres afin d'organiser la poursuite de la guerre à partir des colonies de l'Empire français. Le 18 juin, depuis les bureaux de la BBC, il lance à la radio un appel à continuer le combat.

L'appel du 18 juin par le général de Gaulle.

22 juin 1940 : l'armistice à Rethondes

Le maréchal Pétain, nommé président du Conseil après la démission de Paul Reynaud, demande un armistice aux Allemands. C'est à Rethondes, dans le wagon où avait été signé celui du 11 novembre 1918, que la délégation française accepte le 22 juin les conditions allemandes qui prévoient l'occupation de la moitié du territoire national.

La rencontre de Montoire (Loir-et-Cher) entre Pétain et Hitler.

3 juillet 1940 : la flotte de Mers el-Kébir est détruite

Pour éviter que la flotte française ancrée dans le port algérien de Mers el-Kébir ne tombe aux mains des Allemands après la signature de l'armistice, une escadre anglaise la détruit, tuant plus de 1000 marins.

10 juillet 1940 : Pétain obtient les pleins pouvoirs

Le maréchal Pétain obtient du Parlement français les pleins pouvoirs pour réviser la Constitution. Réunis à Vichy, les députés et les sénateurs entérinent la fin de la IIIe République, remplacée par «l'État français». Seuls 80 des 669 parlementaires ont voté non.

24 octobre 1940 : la rencontre de Montoire

À Montoire, le maréchal Pétain a rencontré le chancelier Hitler. Les deux dirigeants se mirent d'accord sur une politique de collaboration. Le vieux maréchal, s'il souhaite une paix dans l'honneur, ne cache pas ses ambitions de travailler au redressement moral de la France.

La Seconde Guerre mondiale

Juin 1942 : la bataille de Bir Hakeim
En Libye, les Forces françaises libres du général Kœnig s'illustrent courageusement face à l'Afrikakorps de Rommel. Durant seize jours à Bir Hakeim, elles résistent pour couvrir la retraite des troupes britanniques.

16-17 juillet 1942 : la rafle du Vél' d'Hiv'
À Paris, la police française procède à une vaste rafle des Juifs. Près de 13 000 d'entre eux sont arrêtés et massés dans le vélodrome du Vél' d'Hiv' avant d'être transférés dans des camps en province d'où ils seront déportés vers les camps de la mort.

8 novembre 1942 : débarquement allié en Afrique du Nord
Afin d'ouvrir un second front qui soulagerait celui de l'Est, les Américains ont débarqué en Afrique du Nord où les forces françaises aux ordres de Vichy n'ont opposé qu'une très faible résistance. Désormais, le gouvernement de Vichy perd son principal atout vis-à-vis des Allemands, à savoir ses colonies outre-mer...

27 novembre 1942 : la flotte française est sabordée à Toulon
Après le débarquement allié en Afrique du Nord, les Allemands ont pénétré en zone non occupée. Afin d'empêcher qu'ils ne se saisissent des navires de guerre rassemblés à Toulon, les responsables de la marine française donnent l'ordre de saborder la flotte.

30 janvier 1943 : création de la Milice française
Face au durcissment de la situation et à la montée en puissance de la Résistance, l'État français fonde la Milice, une police politique au

Affiche de propagande pour le STO en 1943.

service de l'occupant, destinée à traquer les résistants, les Juifs et, plus tard, les réfractaires au STO.

16 février 1943 : instauration du STO

La pression croissante de l'occupant, dont les besoins en main-d'œuvre sont de plus en plus importants, amène Vichy à instituer le Service du travail obligatoire, le STO, chargé de fournir des travailleurs français à l'effort de guerre allemand.

Parmi les 640 000 Français concernés pour aller travailler en Allemagne, nombreux furent ceux qui choisirent de rejoindre les rangs des maquis.

La Seconde Guerre mondiale

21 juin 1943 : arrestation de Jean Moulin
Chargé par le général de Gaulle d'unifier les différents réseaux de résistance en France, Jean Moulin est arrêté à Caluire près de Lyon. Il mourra sous la torture en juillet.

6 juin 1944 : débarquement allié en Normandie
Les armées alliées débarquent en Normandie, c'est l'opération « Overlord », la plus importante jamais menée durant la guerre. À partir des plages du Cotentin et du Calvados, les troupes alliées commencent la reconquête du continent.

Les soldats américains approchant la côte normande, le 6 juin 1944.

10 juin 1944 : Oradour-sur-Glane
Un régiment SS qui a quitté Montauban pour monter sur le front de Normandie sème la terreur. Des centaines de civils sont exécutés à Tulle, à Mussidan, à Gourdon, à Argenton-sur-Creuse. Mais le pire advient dans le village d'Oradour-sur-Glane où les soldats rassemblent les 642 habitants dans l'église avant d'y mettre le feu et de tirer sur tous ceux qui essaient de s'en échapper.

15 août 1944 : débarquement allié en Provence

Une deuxième opération amphibie, l'opération « Anvil-Dragoon », est déclenchée en Provence pour prendre en tenaille l'armée allemande. 300 000 Américains et sept divisions françaises sous les ordres du général de Lattre de Tassigny débarquent entre Saint-Raphaël et Cavalaire. Marseille puis Lyon sont bientôt libérés.

Les FFI font la chasse aux "tireurs des toits" lors de la libération de Paris.

25 août 1944 : la libération de Paris

Le général Leclerc, à la tête de la 2e division blindée, est le premier à entrer dans Paris où la population a commencé à se soulever contre l'occupant. Le jour même, le général de Gaulle descend triomphalement les Champs-Élysées.

8 mai 1945 : l'armistice

À Berlin, le maréchal Keitel signe l'acte de capitulation sans condition du IIIe Reich devant les représentants des forces alliées. Une première reddition de l'armée allemande a été signée la veille à Reims par le maréchal Jodl en présence du général français Sevez. Hitler s'est suicidé quelques jours plus tôt.

21 avril 1944
LE DROIT DE VOTE DES FEMMES

C'était une promesse faite par le Comité national de la Résistance et le Comité français de libération nationale, fondés par les généraux Giraud et de Gaulle à Alger en juin 1943.

Accorder aux femmes les mêmes droits civiques qu'aux hommes est une vieille idée, dont la mise en application est toujours retardée... Cette fois, la promesse a été tenue pour rendre hommage à l'engagement des femmes dans la Résistance.

Première élection en 1946

C'est le 29 avril 1946, à l'occasion des élections municipales, que les Françaises sont pour la première fois appelées aux urnes. Mais le Code de la famille n'évolue, lui, que très lentement, et il faut attendre 1965 pour que les femmes mariées obtiennent le droit d'ouvrir un compte bancaire à leur nom, de toucher un héritage ou encore d'exercer le métier de leur choix... sans le consentement de leur mari !

Une femme votant dans un bureau parisien lors des élections générales en 1945.

13 octobre 1946
La IVᵉ République

Le 13 octobre 1946, les Français adoptent par référendum la nouvelle Constitution qui fonde la IVᵉ République.

En janvier de la même année, le général de Gaulle, en profond désaccord avec l'Assemblée constituante, choisissait de démissionner de la présidence du Conseil.

Un exécutif affaibli

La nouvelle Constitution accorde à l'Assemblée nationale, élue pour cinq ans, des pouvoirs souverains. Le président de la République, élu par le Parlement pour sept ans, conserve certaines prérogatives, mais c'est l'Assemblée qui vote les lois et les budgets, investit et renverse le gouvernement ainsi que le président du Conseil, lequel reste cependant le véritable chef de l'exécutif.

Mais comme le général de Gaulle le prévoyait, l'omnipotence de l'Assemblée nationale conduit inévitablement au « *régime des partis* » et à l'instabilité ministérielle.

Le 16 janvier 1947, le socialiste Vincent Auriol est élu président de la République pour sept ans, mais à l'Assemblée, la « *valse des gouvernements* » a déjà commencé.

La IVᵉ République, en douze années d'existence, ne connaîtra pas moins de 24 gouvernements successifs.

---

8 MAI 1945
Les événements de Sétif

En Algérie, à Sétif et à Guelma, le dispersement de manifestations nationalistes dégénère en assassinats de colons auxquels répond l'intervention de l'armée. Le bilan est très lourd. Il y eut plusieurs centaines de tués chez les Français d'Algérie, et sans doute plus de 10 000 morts dans la population musulmane.

23 novembre 1946
LE BOMBARDEMENT DE LA BAIE D'HAIPHONG

Pour le général de Gaulle, l'«Union indochinoise», demeurée sous la coupe du Japon durant la Seconde Guerre mondiale, doit rentrer dans le giron de la France.

Il avait nommé l'amiral d'Argenlieu haut-commissaire en Indochine avec pour mission d'y rétablir la souveraineté française. Or, le 2 septembre 1945, Hô Chi Minh déclare l'indépendance de la République démocratique du Viêt Nam. La réplique française est immédiate, le général Leclerc chasse du Cambodge, du Sud-Annam et de la Cochinchine les troupes du Viêt-minh.

Tentative de négociations

Hô Chi Minh choisit alors de négocier, mais la France, contre toute évidence diplomatique, ne semble pas prête à abandonner l'Indochine. Le 20 novembre 1946, un incident met le feu aux poudres. Un navire français essuie des coups de feu en baie d'Haiphong et riposte avant même que l'ordre soit donné de bombarder la ville. On compte plus de 6000 victimes civiles. Tout espoir de conciliation étant anéanti, Hô Chi Minh quitte Hanoi et appelle à la lutte sans merci contre «*l'occupant*» français. La guerre d'Indochine a commencé.

1954
LE SIÈGE DE DIÊN BIÊN PHU

Jamais les troupes françaises n'ont pu venir à bout de l'insurrection du Viêt-minh et le corps expéditionnaire retranché depuis novembre 1953 dans la cuvette de Diên Biên Phu est tombé le 7 mai 1954, submergé par les 50 000 hommes du général Giáp. En France, cette défaite est ressentie comme une humiliation. 3 000 soldats français sont morts à Diên Biên Phu, 10 000 ont été faits prisonniers. En juillet s'ouvrent à Genève les négociations qui mèneront au cessez-le-feu et à la partition du Viêt Nam.

25 mars 1957
LE TRAITÉ DE ROME

L'Allemagne fédérale, la France, l'Italie et les pays du Benelux (Belgique, Pays-Bas et Luxembourg) signent à Rome deux traités destinés à « *établir les fondements d'une union sans cesse plus étroite entre les peuples européens* ».

Le premier de ces traités institue la CEE, la Communauté économique européenne, et met en place de grands projets communs : libre circulation des capitaux, des biens et des personnes, politique agricole commune... Des institutions supranationales voient le jour : Assemblée européenne, Conseil économique et social, Conseil des ministres, Cour de justice...

Les ministres des « Six » signent les traités de Rome le 25 mars 1957.

Prolongement de la CECA

Le second traité, l'Euratom, prévoit de mettre en œuvre « *les conditions de développement d'une puissante industrie nucléaire* ». Aboutissement d'un long cheminement politique commencé avec la signature du traité de Paris en 1951 puis par l'entrée en vigueur l'année suivante de la Communauté européenne du charbon et de l'acier (CECA). Les traités de Rome consacrent les efforts entrepris depuis la fin du conflit mondial pour rassembler les pays européens dans un même destin.

1957
LA BATAILLE D'ALGER

La meurtrière campagne de terrorisme menée par le FLN en Algérie a convaincu les autorités françaises de confier au général Massu les pleins pouvoirs sur Alger et sa région.

Commence alors la «*bataille d'Alger*», le général Massu étant déterminé coûte que coûte à «*nettoyer la Casbah*»... Tous les moyens semblent bons aux «*paras*» qui quadrillent la ville méthodiquement, infiltrent les réseaux du FLN. Si la méthode porte ses fruits, elle soulève l'indignation.

Un parachutiste français sur un toit de la Casbah d'Alger en juin 1957.

La question des moyens

La torture et le meurtre sont systématiquement utilisés et les rares militaires qui s'insurgent contre ces pratiques sont sévèrement sanctionnés. La presse tente d'alerter l'opinion publique, mais elle est soumise à une censure vigilante de la part des autorités.

Quelques figures intellectuelles, parmi lesquelles Malraux, Sartre, Vercors ou Mauriac, font entendre leur voix, mais pour les autorités, la fin semble justifier les moyens, même les moins justifiables...

En huit mois, les soldats de Massu ont démantelé les principaux réseaux clandestins du FLN et gagné la bataille d'Alger.

4 octobre 1958
La Ve République

Rappelé au pouvoir en mai 1958 pour trouver une issue à la crise algérienne, le général de Gaulle met en chantier un projet de Constitution qui est approuvé par référendum.

La Ve République est taillée sur mesure pour de Gaulle : la nouvelle Constitution affaiblit considérablement le rôle de l'Assemblée nationale qui désormais partage l'initiative des lois avec le gouvernement, lequel fixe l'ordre du jour des travaux parlementaires. Le pouvoir exécutif devient donc prépondérant. C'en est fini de l'instabilité ministérielle de la IVe République – impuissante à trouver une issue satisfaisante à la guerre d'Algérie.

L'élection du président de la République

Le président de la République est élu par un collège électoral rassemblant les parlementaires et les élus locaux, avant qu'une révision constitutionnelle, en 1962, n'institue l'élection du président au suffrage universel.

C'est une véritable « *monarchie présidentielle* » qui s'installe, selon le mot de Michel Debré, principal artisan de la Constitution, malgré quelques accusations de « coup d'état ».

---

22 AVRIL 1961
LE PUTSCH DES GÉNÉRAUX

Quatre généraux français, Salan, Jouhaud, Challe et Zeller, prennent le contrôle d'Alger pour stopper « la politique d'abandon » de l'Algérie française par de Gaulle. Mais ce dernier ayant convaincu l'opinion et l'armée de lui rester fidèles en dénonçant le coup de force d'« un quarteron de généraux en retraite », les putschistes déposent finalement les armes après trois jours de crise.

1958-1962
LA FIN DES COLONIES FRANÇAISES

L'Empire colonial français a joué un grand rôle dans les combats pour la Libération et aspire légitimement à plus d'autonomie.

La France doit maintenant se résoudre à une inexorable marche vers l'indépendance des peuples des anciennes A.-É.-F. (Afrique-Équatoriale française) et A.-O.-F. (Afrique-Occidentale française).

En 1956, le Maroc et la Tunisie accèdent à l'indépendance. En 1958, de Gaulle présente son projet de Communauté franco-africaine. Toutes les colonies l'acceptent, sauf la Guinée qui proclame son indépendance, bientôt suivie en 1960, par le Togo, le Mali, Madagascar, le Dahomey (futur Bénin), le Niger, la Haute-Volta (futur Burkina Faso), la Côte d'Ivoire, le Tchad, la République centrafricaine, le Congo, le Gabon, le Sénégal, le Soudan français et la Mauritanie.

À l'origine

C'est au Proche-Orient et en Asie que le mouvement avait commencé : la France abandonnait sa tutelle sur le Liban en 1943 et sur la Syrie en 1945. En 1954, c'est le tour du Laos, du Cambodge et du Viêt Nam.

1962
L'INDÉPENDANCE DE L'ALGÉRIE

Signés le 18 mars 1962 par les représentants du gouvernement français et du FLN, les accords d'Évian mettent fin à la guerre d'Algérie. En juillet, le peuple algérien se prononce à plus de 99 % pour l'indépendance. Si un conflit meurtrier s'achève, les souffrances ne sont pas finies et trois millions de Français d'Algérie, les pieds-noirs, sont contraints de tout quitter pour « s'exiler » en métropole. Quant aux soldats musulmans ayant combattu dans les rangs de l'armée française, les harkis, la France n'a pas daigné se préoccuper de leur sort…

Mai 1968

C'est à l'université de Nanterre que débutent au mois de mars « les événements » de mai 1968, quand les étudiants – dont le nombre a plus que doublé dans le pays durant les dix années passées – se mettent en grève.

Le face-à-face avec les forces de l'ordre tourne rapidement à l'affrontement, des barricades sont dressées dans le Quartier latin et l'émeute prend des allures de guerre civile.

Au-delà de la protestation estudiantine

La France entière est bientôt paralysée : sept millions de personnes sont en grève, les ouvriers ayant pris le relais des étudiants avec d'autres revendications. Le 25 mai sont signés les accords de Grenelle qui entérinent d'importantes avancées sociales : l'augmentation de 35 % du SMIC, le relèvement progressif des salaires de 10 %, l'abaissement de l'âge de la retraite…

Le 30 mai, une manifestation monstre des partisans du général de Gaulle sur les Champs-Élysées marque la fin du mouvement.

Charge des policiers boulevard Saint-Germain, en Mai 68.

26 novembre 1974
La loi Veil

Ministre de la Santé de Valéry Giscard d'Estaing, Simone Veil a surmonté l'hostilité d'un grand nombre de députés et de sénateurs

Après des débats très vifs et parfois grossiers, la loi Veil sur l'avortement « *pour les femmes en situation de détresse* » est votée. L'autorisation de l'interruption volontaire de grossesse est un progrès important pour le droit des femmes dans notre pays.

Simone Veil défend la loi sur l'avortement au Sénat en 1974.

18 septembre 1981
L'abolition de la peine de mort

Le 18 septembre 1981, après des années de combat, Robert Badinter parvenait à faire voter l'abolition de la peine de mort par l'Assemblée nationale. Deux siècles après sa première utilisation, la guillotine était définitivement rangée.

Si les Français y voient « *l'événement le plus important de l'année 1981* », ce jugement ne vaut pas approbation, car 62% d'entre eux étaient favorables au maintien de la peine de mort. Pourtant, l'abolition est votée aisément par 363 voix contre 117. À droite, 31 parlementaires, dont Jacques Chirac, votent le texte. Désormais, la France, dernier pays européen à appliquer la peine de mort, est alignée sur la législation des pays d'Europe.

C'est une grande victoire pour Robert Badinter qui militait depuis plus de vingt ans pour l'abolition : « *demain, grâce à vous*, déclare-t-il aux députés, *la justice française ne sera plus une justice qui tue* ».

1er janvier 2002
LE PASSAGE À L'EURO

Après des siècles de bons services, le franc disparaît au profit d'une nouvelle monnaie, l'euro, dont les pièces et les billets sont mis en circulation le 1er janvier 2002.

Monnaie « *franche* » du roi Jean II le Bon, franc Germinal, franc Poincaré, nouveau franc d'Antoine Pinay... un mot cher aux Français disparaît, qui évoquait l'origine de la nation et participait donc de l'identité nationale.

L'émotion toutefois ne durera pas : face aux enjeux économiques et financiers, les Français acceptent cette monnaie unique européenne, gage d'une plus grande force dans la compétition mondiale. En outre, c'est déjà une réalité dans les institutions bancaires et financières pour le marché des capitaux depuis le 1er janvier 1999.

Reste qu'il faut aux Français adopter de nouvelles habitudes, et s'entraîner à une conversion pas toujours simple, puisqu'un euro égale 6,559 57 francs...

Crédits photographiques

6 In situ, Lascaux - Ph. C. Roux © Archives Larbor ✦ 9 Musée des Beaux Arts, Le Puy © Photo Josse/Leemage ✦ 10 Ph. Coll. Archives Larbor ✦ 12 Ph. Coll. Archives Nathan ✦ 13 Ph. Coll. Archives Larbor ✦ 15 Ph. Coll. Archives Larbor ✦ 16 Centre Guillaume-le-Conquérant, Bayeux - Ph. Coll. Archives Larbor ✦ 19 Ph. Coll. Archives Larbor ✦ 21 © Heritage Images/Leemage ✦ 22 et 23 Bibliothèque royale, Bruxelles © Archives Nathan ✦ 25 Ph. Coll. Archives Larbor ✦ 27 Ph. © Archives Nathan ✦ 29 Ph. Coll. Archives Larbor ✦ 31 Ph. Coll. Archives Larbor ✦ 33 Musée des Beaux-Arts, Lausane - Ph. Coll. Archives Larbor ✦ 35 Ph. Coll. Archives Larbor ✦ 36 et 37 Musée national du château, Pau © Archives Larbor ✦ 38 Musée national du Château de Versailles - Ph. Hubert Josse © Archives Larbor ✦ 39 Ph. Coll. Archives Larbor ✦ 40 Collection particulière - Ph. Olivier Ploton © Archives Larousse - DR ✦ 43 Musée national du Château de Versailles - Ph. Hubert Josse © Archives Larbor ✦ 44 Ph. Olivier Ploton © Archives Larousse ✦ 45 Ph. Coll. Archives Nathan ✦ 46 Ph. Coll. Archives Larbor ✦ 47 Musée Carnavalet, Paris - Ph. Jeanbor © Archives Larbor ✦ 48 Musée national du Château de Versailles - Ph. Hubert Josse © Archives Larbor ✦ 49 Ph. Coll. Archives Larbor ✦ 50 Ph. Coll. Archives Nathan ✦ 51 Ph. Coll. Archives Larbor ✦ 52 Ph. Coll. Archives Larbor ✦ 53 Ph. Coll. Archives Larbor ✦ 54 Musée du Louvre, Paris - Ph. Hubert Josse © Archives Larbor ✦ 55 Musée national du Château de Versailles - Ph. Josse © Archives Larbor ✦ 56 Ph. Goldner © Archives Larbor ✦ 57 Anne S.K. Brown Military Collection, Brown University Library, Providence - Ph. Rice ✦ 58 Photo © Archives Larbor ✦ 59 Musée national des Châteaux de Versailles et Trianon, Versailles © Archives Larbor ✦ 60 Ph. Coll. Archives Larousse ✦ 61 Ph. Coll. Archives Larbor ✦ 62 et 63 Ph. Coll. Archives Larbor ✦ 64 Ph. Coll. Archives Nathan ✦ 65 Musée Carnavalet, Paris - Ph. © Archives Larousse ✦ 66 Ph. Coll. Archives Larbor✦ 67 Ph. Jean-Loup Charmet © Archives Larbor ✦ 68 Ph. Gribayédoff - Coll. Archives Larousse ✦ 70 Ph. Moreau © Archives Larbor ✦ 72 Ph. Moreau © Archives Larbor ✦ 73 Musée de l'armée, Paris - Ph. © Archives Larbor ✦ 74 Musée Clémenceau, Paris - Ph. © Archives Larbor ✦ 75 Imperial War Museum, Londres - Ph. © Archives Larbor ✦ 76 Ph. Meurisse - Coll. Archives Larousse ✦ 77 Ph. Coll. Archives Larousse ✦ 78 Ph. Coll. Archives Larousse - DR ✦ 79 Ph. Otto Vanek - Coll. Archives Larousse ✦ 80 Musée d'histoire contemporain, BDIC, Paris - Ph. Hubert Josse © Archives Larbor ✦ 81 Ph. Signal, Archives Larbor - DR ✦ 83 Ph. Coll. Archives Larbor ✦ 84 Ph. US Army Coll. Archives Larousse ✦ 85 Ph. P. Vals © Archives Larbor ✦ 86 © Albert Harlingue/Roger-Viollet ✦ 89 Ph. Coll. Archives Larousse ✦ 90 © Zebar Nacerdine/Gamma/Gamma-Rapho ✦ 93 © Keystone-France/Gamma-Rapho ✦ 94 © Keystone-France/Gamma-Rapho

Imprimé en Espagne par Macrolibros
Dépôt légal : février 2013
310909-02 - 11029049 - juin 2014